马克思主义宗教观

——教育读本——

MAKESI ZHUYI ZONGJIAOGUAN

JIAOYU DUBEN

任红 / 编著

新疆人民出版社

图书在版编目（CIP）数据

马克思主义宗教观教育读本 / 任红编著. — 乌鲁木齐:新疆人民出版社,2021.4(2024.12重印)
ISBN 978-7-228-20660-5

Ⅰ.①马… Ⅱ.①任… Ⅲ.①马克思主义—宗教学—通俗读物 Ⅳ.①A811.63-49

中国版本图书馆CIP数据核字(2021)第057661号

马克思主义宗教观教育读本
MAKESI ZHUYI ZONGJIAOGUAN JIAOYU DUBEN

◎ 责任编辑　俞　康　赵　珍
◎ 封面设计　刘堪海
◎ 版式设计　王　洋

出　版　新疆人民出版社
地　址　乌鲁木齐市解放南路348号
邮　编　830001
制　作　乌鲁木齐捷迅彩艺有限责任公司
印　刷　新疆二新华印务有限责任公司
开　本　787 mm×1092 mm　1/16
印　张　9印张
字　数　100千字
版　次　2021年4月第1版
印　次　2024年12月第3次印刷
定　价　16.00元

前 言

宗教是人类社会发展到一定历史阶段的产物，是历史与现实、国际与国内客观存在的一种社会现象。宗教问题是世界各国普遍关注的社会问题，事关一个国家或地区的发展稳定。我国是一个多民族、多宗教的国家，有信教群众近2亿人，这决定了宗教问题将长期成为我国社会总问题的一部分，决定了宗教工作其实是一项极端重要的群众工作。

中国共产党始终高度重视宗教问题，坚持以马克思主义宗教观为指导来认识和对待宗教问题，把马克思主义宗教观与中国宗教问题实际相结合，创造性运用和发展了马克思主义宗教观，实现了马克思主义宗教观中国化的历史性飞跃，形成了中国特色社会主义宗教理论。中国共产党基于马克思主义宗教观，根据我国宗教的长期性、群众性、民族性、国际性和复杂性的特点，在实践中确立了党的宗教工作基本方针，即全面实行宗教信仰自由政策，依法管理宗教事务，坚持独立自主自办原则，积极引导宗教与社会主义社会相适应。党的十八大以来，以习近平同志为核心的党中央总结历史和实践经验，进一步坚持和发展中国特色社会主义宗教理论，把宗教问题提高到我们党治国理政必须处理好的重大问题上来认识，先后提出了"坚持我国宗教的中国化方向""提高宗教工作法治化水平"等一系列新思想、新观点、新理念，丰富和发展了马克思主义宗教理论，开拓了马克思主义宗教观中国化的新境界。习近平总书记关于宗教问题和宗教工作的重要论述，是中国特色社会主义宗教理论的最新成果，是做好新时代宗教工作的根本遵循。

新疆历来是多种宗教信仰并存地区，宗教问题和宗教工作事关新疆社会稳定和长治久安。一段时间，随着国际国内形势发生深刻变化，宗教工作不断面临新挑战，特别是打着宗教旗号的极端主义思潮严重危害国家安全和社会稳定，严重干扰党的宗教政策贯彻执行，严重侵蚀干部群众思想认识，严重阻滞新疆伊斯兰教中国化进程。美西方反华势力也从未放弃利用宗教对我进行渗透破坏活动，从未停止利用宗教制造涉疆问题诋毁我国治疆政策，妄图借此干涉我国内政、乱疆遏华。因此，我们必须充分认识正确把握新疆宗教问题、做好宗教工作的重大意义。在第三次中央新疆工作座谈会上，习近平总书记深刻指出"要坚持新疆伊斯兰教中国化方向，实现宗教健康发展"。这是党中央对做好新时代新疆宗教工作提出的新要求。坚持新疆伊斯兰教中国化方向，是引导宗教与社会主义社会相适应的关键，是做好新时代新疆宗教工作的根本指南，也是宗教自身健康发展的需要。由于多种原因，新疆伊斯兰教中国化任务艰巨繁重。做好新时代新疆宗教工作，推进新疆伊斯兰教中国化，必须全面贯彻党的宗教工作基本方针，教育引导各级干部熟练掌握马克思主义宗教观，正确认识和处理宗教问题，着力解决好宗教领域的各种深层次矛盾，着力解决好各种涉宗教因素的社会问题。

为贯彻落实习近平总书记关于宗教工作和宗教问题的重要讲话以及第三次中央新疆工作座谈会精神，确保实现新疆社会稳定和长治久安总目标，推动做好新时代新疆宗教工作，新疆维吾尔自治区社会科学院组织宗教研究院专业人员集体研究讨论，委托任红副研究员执笔编著了《马克思主义宗教观教育读本》。这本理论读物遵循辩证唯物主义和历史唯物主义世界观方法论，紧密结合新疆实际，阐明了马克思主义宗教观的基本立场和观点，总结了党处理宗教问题的基本方针和政策，讲清了新疆历来是多种宗教并存地区的客观史实，澄清了宗教极端思想不是宗教，明确了新时代宗教工作的努力方向。全书融理论、政策、历史、现实于一体，观点鲜明，内容丰富，文风简洁，通俗易懂。我们希望《马克思主义宗教观教育读本》能够为新疆广大党员干部牢固树立马克思主义宗教观发挥积极作用，使广大党员干部高度重视宗教问题，正确认识和处理好宗教问题，精心做好宗教工作，有力促进新疆伊斯兰教中国化迈向历史新进程；能够为新疆各族群众提供全面了解马克思主义宗教观和党的宗教政策的学习读物，帮助读者切实提高宗教理论政策和基本知识修养，不断增强遵守执行党的宗教政策和国家法律法规的主动性、自觉性，为新疆宗教健康发展、社会和谐稳定作出贡献。

新疆维吾尔自治区社会科学院

2021 年 4 月

目 录

引 言

宗教是人类社会发展到一定历史阶段的产物，是一种社会意识形态和文化历史现象。在不同的历史时期，它都直接或间接地、程度不同地影响着人类社会，影响着经济、政治、思想文化的发展，影响着民族的进步。在社会主义时期，宗教仍将长期存在。宗教问题在我国社会治理中占有重要地位，正确认识和处理宗教问题，是建设中国特色社会主义的一个重要内容。

马克思、恩格斯运用辩证唯物主义和历史唯物主义观察分析宗教问题，创立了马克思主义宗教观，是马克思主义关于宗教与宗教问题的基本观点及处理宗教问题的纲领、政策的总和。马克思主义宗教观为马克思主义政党正确认识和处理宗教问题提供了科学的世界观和方法论，是中国特色社会主义宗教理论的思想渊源。

当今世界，国际形势风云变幻，宗教对国际政治的影响日益凸显，宗教问题是各个国家普遍存在的重大社会问题。我国是一个多民族、多宗教国家，受各种因素影响，宗教领域不断出现新情况、新问题，特别是打着宗教旗号的宗教极端主义思潮，把宗教极端思想和宗教问题捆绑在一起，不仅严重威胁我国意识形态安全，而且严重威胁我国国家安全和社会稳定。新疆各族干部群众要认真学习马克思主义宗教观，运用马克思主义宗教观的立场、观点和方法，理性地认识和对待宗教，自觉地执行党和国家的法律、法规和宗教政策。

马克思主义宗教观的主要内容包括：宗教的本质，宗教产生和发展的规律，宗教存在的根源和消亡的条件，宗教的功能和社会作用，以及马克思主义政党对待宗教的基本态度和处理宗教问题的基本原则等。

马克思主义宗教观认为，宗教作为一种社会意识形态，是对社会存在的反映。这种反映采取了幻想的方式。宗教以超自然、超人间力量的形式反映支配人们日常生活的外部力量，并把这种力量神圣化，使之成为主宰人们日常生活的支配力量，是人们头脑中对客观世界的一种幻想的、歪曲的、颠倒的反映。这是一切宗教的基本特征和本质规定。宗教的发展由社会发展状况和社会制度所决定，宗教与其他任何社会历史现象一样，有其产生、发展和消亡的规律。宗教的社会作用具有两重性，既有积极的一面，也有消极的一面。马克思主义政党对待宗教的基本态度和原则主要包括：公民有信仰宗教和不信仰宗教的自由；信仰宗教和不信仰宗教的公民享有平等权利；国家实行政教分离、教育与宗教分离；各宗教在法律面前一律平等。

马克思主义具有与时俱进的理论品质。中国共产党在领导中国人民进行革命、建设和改革的长期实践中，把马克思主义宗教观与中国国情和实践相结合，创造性运用和发展了马克思主义宗教观，提出了宗教"五性"论、积极引导宗教与社会主义社会相适应、坚持我国宗教的中国化方向等观点，确立了党的宗教信仰自由的基本政策和一系列相应的法律、法规。毛泽东思想、邓小平理论、"三个代表"重要思想、科学发展观、习近平新时代中国特色社会主义思想中关于宗教的重要论述，与马克思主义宗教观是一脉相承的，是马克思主义宗教观中国化的理论政策结晶。

中国共产党历来重视宗教问题。尤其是党的十八大以来，以习近平同志为核心的党中央对宗教工作高度重视，把党对宗教问题和宗教工作的认识提升到了一个新高度。习近平总书记在全国宗教工作会议上指出："宗教问题始终是我们党治国理政必须处理好的重大问题，宗教工作在党和国家工作全局中具有特殊重要性，关系中国特色社会主义事业发展，关系党同人民群众的血肉联系，关系社会和谐、民族团结，关系国家安全和祖国统一。"党的十九大报告中指出:"全面贯彻党的宗教工作基本方针,坚持我国宗教的中国化方向,积极引导宗教与社会主义社会相适应。"习近平总书记关于宗教问题和宗教工作的重要论述,是马克思主义宗教观中国化的最新理论成果,是新形势下正确认识宗教问题、做好宗教工作的指导思想。

在新疆,多民族聚居和多种宗教并存的区情,决定了做好宗教工作至关重要。习近平总书记在考察新疆时强调:"新疆最大的群众工作就是民族团结和宗教和谐。"因此,宗教问题始终是关系新疆社会稳定的重大问题,宗教工作始终是新疆的全局性、根本性工作。做好新疆宗教工作,对于维护社会稳定、民族团结、祖国统一意义重大。

新疆各族干部群众,必须坚决拥护新时代党的治疆方略和各项决策部署,坚决在思想上、政治上、行动上同以习近平同志为核心的党中央保持高度一致;必须认真学习贯彻习近平总书记关于宗教问题和宗教工作的重要论述精神,以习近平新时代中国特色社会主义思想武装头脑,树立马克思主义宗教观;必须坚决贯彻执行党的宗教工作基本方针,自觉遵守国家的法律、法规和宗教政策,为实现社会主义现代化和中华民族伟大复兴的中国梦不懈奋斗!

第一章 /

坚持马克思主义宗教观

宗教是人类社会发展到一定历史阶段的产物，是一种社会意识形态和文化历史现象。马克思主义科学地揭示了宗教产生、发展和消亡的规律，揭示了宗教的本质和社会作用，是我们正确认识和对待宗教与宗教问题的指导思想。马克思主义具有与时俱进的理论品质，中国共产党立足中国国情与中国现代化建设的实践，随时代、形势和实践的新变化而不断创造性地丰富和发展了马克思主义，既继承了马克思、恩格斯、列宁关于宗教问题的科学理论，又在实践中发展了马克思主义宗教观，实现了马克思主义宗教观的中国化。

一、宗教的起源、发展及其消亡

世界上没有永恒的事物，世间万物无不遵循着由产生、发展到消亡这样一条客观规律。宗教作为一种社会意识形态和文化历史现象，当然也不例外。马克思主义认为，宗教是人类社会发展到一定历史阶段、在一定条件下出现的文化现象，有其产生、发展、消亡的客观历史过程。正确地认识和把握宗教的发展规律，是正确认识宗教和宗教问题的前提。

（一）宗教的起源

宗教是什么时候产生的？是不是有了人类就有了宗教呢？对于这个问题，马克思主义在坚持唯物史观的基础上，运用人类学、考古学和民族学提供的资料，作出了科学回答。马克思主义认为，宗教是有起源的，人们的宗教信仰不是与生俱来的，宗教是人类社会发展到一定历史阶段的产物。

据考古学和人类学的研究，人类是从古猿逐渐进化来的。最早的人类叫猿人，生活在距今约300万年到20万年前（包括早期猿人和晚期猿人）。在猿人阶段，由于人类刚刚从动物界分化出来，大脑极其简单，语言和思维能力刚开始萌芽，对事物的认识主要靠直接的感性认识。当时的人类同自然界作斗争的能力十分低下，仅能用棍棒、石块作为工具追捕野兽、采摘野果，弄到了食物就饱食一顿，弄不到就挨饿，甚至同类相食。他们整天为了填饱肚子而奔波，至于身边的高山、大河，天上的太阳、月亮，同人类有什么关系，他们根本不去理会，也理解不了，更多的是自发地适应自然。这时的人类，就像刚出生的婴儿一样，没有抽象思维能力，因此也不可能产生任何宗教观念。目前世界上许多地方都发现了猿人生活的遗址，在这些不同历史时期的猿人生活遗址中，人们没有发现任何与宗教观念有关的痕迹。

直立人（亦称"晚期猿人"）的大脑虽然比猿人的发达，但其脑容量最多也只有现代人的2/3左右。根据学者对属于直立人的我国云南元谋猿人（距今约170万年）、陕西蓝田猿人（距今约115万年到65万年）和北京猿人（距今约70万年到23万年）的身体结构的研究，直立人的语言能力、思维能力和智力水平都很低下，还不具备抽象思维能力，因此也不可能产生宗教观念。从许多地方发现的直立人的遗物中，同样没有发现任何与宗教观念有关的痕迹。如1927年在我国北京房山周口店发现的北京猿人（亦称"北京直立人"）遗址。北京猿人已经能够制造石器工具，懂得使用火，但在他们生活的遗址上没有发现任何与宗教观念有关的痕迹。因此，在直立人阶段，人类也没有产生宗教观念。

大约从20万年前开始，人类进化到了智人阶段。现有资料表明，宗教产生于智人阶段。在智人阶段，随着生产活动范围的逐渐扩大、人与人之间社会联系的不断加强，人类的大脑逐渐发育成熟。据测算，智人的平均脑容量已经达到了现代人平均脑容量的大小，已能进行抽象思维，这使宗教的产生有了可能。由于宗教观念属于高级而复杂的思维活动，只具有一般的思维能力和智力水平，还不能形成宗教观念。形成宗教观念必须具备较高的智力机能和相应的社会条件。在智人阶段的中晚期，人类才具备了产生宗教观念的各种条件，宗教也就随着这些条件的成熟逐步产生了。

目前世界已知最早的具有宗教观念的原始人遗址，是德国杜塞尔多夫尼安德特河谷附近洞穴发现的尼安德特人（简称"尼人"）遗迹，距今约7万年左右。尼人的遗骸经常是头朝东脚朝西，遗骸的周围还散布有红色碎石片及石器工具，这种有随葬品的规则的固定葬法，表明尼人已经产生了朦胧的灵魂和灵魂不死的宗教观念。

北京山顶洞人遗址是迄今我国发现的较早带有宗教元素的遗址。山顶洞人生活在距今约1.8万年前，属于晚期智人或现代人阶段。在山顶洞人的洞穴中，发现有3具完整的人头骨和一些躯干骨化石，人骨化石周围散布有一些随葬的装饰品和赤铁矿粉。山顶洞人埋葬死者的做法，表明他们同欧洲的尼人一样，已萌发了灵魂和灵魂不死的观念，是一种最初的原始宗教行为。

抽象思维是宗教观念产生的前提条件，除了这个前提条件，宗教的产生还有复杂而深刻的社会根源和认识根源。宗教的社会根源，是指那些导致宗教产生的社会生活的客观因素。这些客观因素主要有两个方面：一是人与自然的关系，二是人与人之间的关系。

宗教最早根源于自然力量的压迫，是人类在这种压迫面前软弱无力、无可奈何的产物。在原始社会时期，社会生产力极其低下，主要的生产工具只有石块、木棒等，生产方式是个体或集体采集和狩猎。这种极其原始简单的生产工具和极其落后的生产方式，使原始人在同自然界的斗争中，几乎完全处于软弱无力的地位，只能消极被动地受自然界支配。

自然力量本身并不是宗教，也不能直接产生宗教，但是它在原始人面前所表现出的不可抗拒的压迫和变幻莫测的神秘感，使思维和智力水平还较为低下的原始人产生了错误认识和幻想，从而导致了宗教观念的产生。比如，下雨是一种极其常见的自然现象，雨水充沛就会草木茂盛、果实累累，给原始人提供丰足的食物，但倾盆暴雨却会造成洪水泛滥，毁坏一切，甚至夺去人的生命；大火可以吞噬森林、草原，烧死动物，威胁人的生命，但是也会给原始人带来意想不到的好处，那些被烧死的动物成为他们不需要经过艰苦的狩猎即可得到的美味佳肴。再如天气，有时风和日丽、晴空万里，有时却乌云翻滚、电闪雷鸣。日有升落，月有圆缺，动物有生死，植物有荣枯……这些自然现象对掌握了科学知识的现代人来说不难解释，但是对远古时期的原始人来说却是无法理解的。在他们看来，自然现象和自然力都是不可捉摸也不能抗拒的，对此他们既感到困惑不解，又感到神秘莫测，更感到恐惧。于是，他们就想象在大自然的背后有一种超自然的力量在支配着自然界，并幻想这种超自然力量具有人格特点，人如果触怒它，就会受到它的报复和惩罚；讨好它，就会得到它的恩赐。原始人为获得超自然力量的恩赐，便采取巫术、法术、咒语、祈祷等各种方式。原始的宗教观念和宗教行为，就这样自发地产生了。

进入阶级社会以后，宗教的社会根源除了自然力量的压迫外，更重要的是社会力量的压迫。社会力量的压迫主要是阶级压迫。阶级压迫所造成的社会苦难，是阶级社会中宗教产生和存在的最深刻的社会根源。在阶级社会里，奴隶、农奴、农民、工人处于社会的最底层，不仅受到奴隶主、农奴主、地主、资本家政治上的压迫，经济上的剥削，精神上也受到奴役。当他们找不到改变自己命运的出路时，必然把在现实世界中实现不了的对幸福生活的憧憬寄托于来世，从虚幻的天国中寻求精神慰藉。剥削阶级同样也不能掌握自己的命运。奴隶主可能因为战争失败而被俘，由奴隶主变成奴隶。君主被推翻，一夜间由帝王变为平民或阶下囚。不可预料的天灾人祸，可能使地主顷刻沦为乞丐。资本家一旦破产，也会由资本家变为雇佣工人。所以，剥削阶级对社会力量同样感到变幻莫测，感到恐惧。因此，他们也需要用宗教来安慰自己。

自然力量和社会力量的存在是宗教产生最重要的根源。宗教的产生，是身受自然力量和社会力量压迫的人们对这两种力量产生错误认识的结果。在原始社会，由于人们缺乏自然科学和社会科学知识，不能科学地、客观地认知自然现象和社会现象，从而产生了许多认识上的错误。比如"万物有灵"观念，就是原始人对做梦这一生理现象不理解并产生错误认识的结果。我们都知道，做梦是人类正常的生理现象之一，几乎每个人都要做梦。人之所以做梦是由于人的大脑皮层白天受到某种强烈的或反复的刺激，晚上睡眠时受刺激的这部分神经仍处于兴奋状态，由此而产生了梦。"日有所思，夜有所梦"讲的就是这个道理。但是，原始人由于认识能力有限，不理解人为什么会做梦，所以错误地认为：人除了肉体之外，还有灵魂，灵魂既依附于人的肉体，又能脱离肉体而独立存在；灵魂是不死的，人死后，灵魂就离开肉体到另一个世界去生活了，在另一个世界里，灵魂继续过着同现实世界一样的生活。这就是远古时代的人类为什么会把死者生前使用过的物品随葬的原因。原始人由灵魂的观念进而产生联想，认为动物、植物乃至自然界的一切事物都有灵魂，从而把灵魂观念推及宇宙万物，产生了"万物有灵"的观念。"万物有灵"观念是原始宗教最基本、最核心的观念，是原始宗教产生的思想基础。

可以看出，宗教的产生，根源于人类的认识活动本身，是人类对自身和周围事物产生某种非科学认识的结果。是人创造了宗教，而不是神创造了宗教。

（二）宗教的发展

宗教的发展有一个由自发到人为、由不系统到系统的历史过程。宗教产生以后，它随着人类社会的发展而发展，随着时代的变迁而发生形态上的变化。从宗教发展的历史过程来看，大体经历了原始部落宗教（氏族宗教）、民族宗教（国家宗教）和世界宗教三种历史形态。

人类社会最早产生的宗教是原始部落宗教，因产生于氏族社会，又称为"氏族宗教"。原始部落宗教产生以后，作为社会意识形态，随着社会的发展不断发展变化，先后经历了自然崇拜、动植物崇拜、图腾崇拜、祖先崇拜、神灵崇拜、萨满教等阶段。原始部落宗教的特点是自发性、氏族性和地域性。自发性，即原始部落宗教是原始人在同大自然的斗争中自发形成的，而不是某个人或某个集团为了某种目的有意识地创造的。氏族性，即原始部落宗教的各种形式都是氏族内部自然产生的，各个氏族都有自己的神。地域性，即地理环境对原始部落宗教内容和形式的形成有很大影响，氏族的神不越出它们所守护的领地，与氏族共存亡。原始部落宗教有其产生、发展和消亡的过程，它随着文明社会的出现和阶级、国家的产生而逐步消亡，被后来发展起来的民族宗教所替代。但由于世界历史发展的不平衡性，在当今世界的某些地区还有原始部落宗教的残余形态，而信仰过原始部落宗教的地区，也会有文化形式上的残留。

民族宗教是人类进入文明社会的历史产物，是随着阶级的出现、民族和国家的形成、社会分工的发展和人类理性思维能力的提高而形成的。民族宗教存在的社会实际上是民族集团所组成的早期国家，民族是以氏族制为基础的部落联盟发展而来的，在民族国家形成的过程中，氏族宗教也逐渐演变成为阶级社会的上层建筑和国家体制的一部分，成为国家宗教。从原始部落（氏族）宗教到民族（国家）宗教，反映了人类社会的发展变化。在原始社会时期，人们之间是平等的，没有压迫和剥削现象，反映到宗教中，就是神灵众多，神与神之间没有主次之分和隶属关系，各司其职。到了阶级社会，出现了奴隶主和奴隶的从属关系后，神灵世界也开始发生相应的变化，诸神之间有了主次大小之分、高低贵贱之别。到了君主专制社会，由于统一的君主的出现，在神灵世界也出现了至高的唯一神。宗教形态的这种变化过程，是与人类社会的发展过程相一致的。所以说，宗教的根子在人间，而不是在天上。相比于原始部落宗教，古代民族宗教具有以下几个特点：一是君权与神权相结合，君权神授，以此来维护世俗政权；二是形成了独立的僧侣集团，他们成为享有特权的宗教贵族，拥有经济实体；三是宗教信仰成为全民性的强制性义务，个人没有选择的自由；四是宗教神学理论体系日益系统化、规范化。古埃及、古巴比伦、古印度的宗教以及犹太教都是比较典型的民族宗教。

世界宗教是在民族宗教的基础上发展起来的，是超民族、超国家的宗教。世界宗教是人类文明发展到一定历史阶段的产物。在封建社会中兴时期，世界性的经济、文化交往日益增多，不同民族、国家、地区之间的交流交往十分频繁，在这个过程中，各个民族宗教之间发生着相互冲撞和影响，其间有的民族宗教被淘汰了，有的民族宗教被改变了，有的民族宗教则兼收并蓄而发展为一种新的宗教，并不断地发展和扩大影响，逐步走向世界，成为世界宗教。在长达数千年的文明社会发展过程中，只有佛教、基督教、伊斯兰教这三大宗教由原来的民族宗教发展成为世界宗教。这绝不是说它们比其他宗教优越，而是与它们自身善于适应社会的发展，以及政治、经济、军事等方面的因素有关。相比于民族宗教，世界宗教的特点是超出了血缘关系和国家范围，是某个（或某些）特殊的个人按照自己的宗教信念创建的新型宗教，具有完备的组织体系和系统化的宗教神学理论，并具有普世性。

（三）宗教的消亡

马克思主义认为，世界上没有永恒的事物。宗教作为一种文化历史现象，不是从来就有的，也不是永恒的，在经历漫长的发展阶段后，终将走向消亡。正如它的产生和发展一样，其消亡也是由其自身发展的规律所决定的，不以人的意志为转移。

宗教的消亡，是一个漫长的历史过程。在宗教赖以存在和发展的自然根源、社会根源、认识根源没有消除之前，宗教就不会消亡。人类社会发展到今天已有几百万年的时间，尽管人类征服自然、改造社会的实践已经取得了前所未有的成就，然而宗教依然存在，这说明宗教存在的根源还没有彻底消除。马克思主义认为，只有在人与自然、人与人之间的关系极明白而合理的时候，自然力量和社会力量再也不能支配人们的日常生活、支配人们的命运的时候，人们才不会去信仰超自然的力量，才不会祈求神灵来解决自己的现实困难和精神上的苦恼，因为那时的人们已经完全把握了自己的命运，成了真正自由的人。这是宗教消亡的基本条件，由此来看，宗教还将在一定时期内长期存在。

我国现在正处于建设新时代中国特色社会主义时期，宗教在这一阶段仍将长期存在，我们必须正确认识宗教的消亡问题。宗教消亡有其自身发展的规律，既不能用强制或行政命令的方法去消灭宗教，也不能人为地固化宗教。在社会主义条件下，解决宗教问题的根本途径，是坚持党的宗教工作基本方针，全面贯彻党的宗教信仰自由政策，既尊重公民信仰宗教的自由，又尊重公民不信仰宗教的自由，坚持法律面前人人平等，坚持我国宗教中国化方向，积极引导宗教与社会主义社会相适应，团结信教群众和不信教群众共同致力于建设中国特色社会主义伟大事业。

二、宗教的本质和社会作用

（一）宗教的本质

本质就是事物的根本性质。关于宗教的本质，恩格斯在《反杜林论》一书中有一段精辟的论述。他说："一切宗教都不过是支配着人们日常生活的外部力量在人们头脑中的幻想的反映，在这种反映中，人间的力量采取了超人间的力量的形式。"这是马克思主义对宗教本质的科学、完整而准确的概括和阐述。

第一，这个论述揭示了宗教作为意识形态的本质特征。这个特征就是"支配着人们日常生活的外部力量在人们头脑中的幻想的反映"。这句话的实质是说，宗教是一种幻想的反映。这个论述适合一切宗教。一切宗教信仰和崇拜的对象，都是幻想出来的，客观上并不存在。如原始宗教的自然神灵、萨满教的氏族神、佛教的佛陀和菩萨、基督教的上帝、伊斯兰教的安拉，以及各种宗教中的天堂、地狱、鬼怪精灵等，都是人类幻想出来的，客观上根本不存在。所谓"幻想的反映"，就是马克思所说的"颠倒的世界观"，这正是宗教区别于其他意识形式的特殊性。

第二，这个论述揭示了宗教幻想的内容和对象。宗教幻想的内容和对象不是现实世界不存在的超现实的、不可捉摸的神秘之物，而是"支配着人们日常生活的外部力量"。这里所说的"外部力量"就是自然力量和社会力量。这些外部力量不仅和人们的日常生活密切相关，而且支配着人们的日常生活。最初是自然力量被原始人类幻想地反映为"超人间的力量"，随着人类社会进入阶级社会，支配着人们日常生活的社会力量也被幻想地反映为"超人间的力量"。宗教是对现实的虚幻的反映。就是说，宗教信仰和崇拜的对象虽然是幻想的，但是这种幻想并不是凭空产生的，而是有现实的社会基础的，都能在现实社会中找到它的原型。

第三，这个论述说明了宗教观念采取了"超人间的力量"的特殊表现形式。在宗教反映中，支配人们日常生活的外部力量并不是以自然力量和社会力量所固有的形式表现出来，而是表现为"超人间的力量"的形式，因而具有超自然、超社会的神圣性。如果"人间的力量"不被超人间化，那么它就同其他自然力量和社会力量一样，人们也就不会对它们产生神秘感和敬畏感，进而加以崇拜，也就不会有宗教的产生。自然力量和社会力量的超人间化和神圣化，是宗教产生的前提。宗教信仰对象表现为"超人间的力量"的形式，是宗教最基本的特征。

第四，这个论述揭示了"人间的力量"超人间化的原因。宗教信仰和崇拜的对象并不是所有的外部力量，而只是那些"支配着人们日常生活的外部力量"。那些并不支配人们日常生活的外部力量，或已经为人们所认识所支配的外部力量，不会成为宗教信仰和崇拜的对象，相反会成为由人们所掌握、可以为人们服务的工具。例如，风——风力发电；水——水力发电；天狗吃日月——日食、月食；地震、海啸、洪涝灾害……我们今天都可以用科学道理来说明，也就不会对这些自然力量产生膜拜。只有那些目前未知的、人还不能完全掌握的、和人们的生活有密切关系并产生深刻影响的力量，人们才会觉得其神秘，才可能去崇拜它。

从宗教本质的分析中可以看出，宗教所信仰的神是人的创造物，宗教的一切表现形式，如宗教观念、宗教体验、宗教行为等等，都反映了人对神的依赖、敬畏和服从。宗教本身是没有内容的，它的根源不在天上，而在人间，是人们对自然力量和社会力量的一种虚幻、歪曲、颠倒的反映。

（二）宗教的社会作用

宗教在产生和发展的过程中，与社会生活的方方面面发生着十分密切的关系，产生着重大影响。宗教对社会的作用十分复杂，在不同的社会发展阶段、不同的社会制度下，宗教的社会作用往往不同。判断宗教对社会的作用，总的来说应该坚持历史唯物主义的观点，看宗教的影响是否有利于社会生产力的发展，是否有利于巩固和发展先进的社会经济制度和政治制度，是否有利于推动人类精神文明的进步。

第一，宗教在本质上是一种唯心主义的世界观，必然束缚人们的思想，致使人们不能正确认识、改造自然和社会。宗教虚构出一个与现实世界相对立的神灵世界、彼岸世界，认为这才是幸福之所在，是人的最终归宿。从根本上说，这就是要人们把视线从现实世界移开，转向虚无缥缈的天国，放弃对现实生活的努力，通过虔诚信教获得来世的永生和享乐。所以，对宗教的信仰总体来说削弱了人们依靠现实力量来改变自身命运的斗争意志，具有消极作用。

第二，一方面，在阶级社会中，宗教是统治阶级维护统治利益的工具。由于宗教具有其特殊的精神麻醉作用，因此所有剥削阶级都自觉地利用宗教。如中世纪的欧洲，许多奴隶制和封建制国家的国王，常常宣称自己是神的儿子或后裔，他们是按神的意志来管理国家、统治人民的。中国封建社会历代王朝的统治者们也始终坚持王权高于神权，要求各种宗教为自己服务，他们对某种宗教的支持、弘扬以及对某些宗教的压制、打击，完全是服务于统治的需要。另一方面，在阶级社会，任何一种宗教为了求得自己的发展，也必然要求助于统治者的支持。奴隶社会和封建社会的宗教教会，常常以神的名义论证统治阶级的合法性和神圣不可侵犯性，并要求劳动人民安于苦难，宣称只有这样才能进入天堂。剥削阶级对宗教的利用还表现在宗教曾被当作殖民主义、帝国主义进行侵略扩张的工具。无论是在美洲、非洲还是在亚洲，西方教会的传教士在殖民主义、帝国主义侵略扩张的过程中，起到了情报员和向导的作用，有些人甚至成为侵略者的高级谋士和帮凶，直接参与了瓜分被侵略国家的领土、屠杀当地各民族劳动人民、掠夺财富、贩卖人口、制贩鸦片等活动，给殖民地、半殖民地人民造成了严重的伤害。

第三，在一定历史时期和一定历史条件下，宗教具有一定的积极作用。宗教在其传播和交流过程中，起到了促进文化交流、增进各民族友谊的积极作用。如魏晋南北朝时期生活在龟兹（今新疆库车、拜城一带）的佛教僧侣鸠摩罗什，唐朝时期前往古印度取经的僧侣玄奘和东赴日本弘法的鉴真和尚，明清时期的西方传教士利玛窦、汤若望、郎世宁等人，为促进新疆地区与内地、中国与印度和日本、中国与西方的文化交流作出了卓越贡献，在人类文化交流史上写下了不可磨灭的一页。宗教作为一种复杂的社会现象，在它长期的历史发展中，与人类社会诸方面有着广泛的联系，甚至成为一些国家、民族的政治、经济、文化艺术、伦理习俗的一部分，对不同文明之间的交流，对促进文学、艺术、建筑、音乐等方面的发展都起过一定的客观作用。

第四，在社会主义条件下，宗教的社会作用具有两重性。中华人民共和国成立后，随着社会主义制度的建立，在党和政府的领导下，我国各宗教通过反帝爱国运动、民主改革和宗教改革，发生了根本性的变化。各宗教组织摆脱了帝国主义的控制，重新建立了爱国爱教的宗教团体，广大爱国宗教人士走上了爱国爱教道路。他们拥护党和政府的领导，拥护社会主义制度，政治觉悟不断提高。他们之中的一些人在各级人民代表大会、人民政治协商会议中积极参与国家大事的管理和协商。广大信教群众和不信教群众和睦相处，团结一致，共同建设中国特色社会主义事业，共同实现中华民族伟大复兴的中国梦。宗教中不适应社会发展的因素得到了制约，一些有利于社会发展的因素得到了发扬。宗教通过对信教群众的心理慰藉，对稳定信教群众的情绪、调节信教群众的心理起到了一定的作用。宗教在促进国际间的交流、增进相互了解、反对战争方面也起到了一定的积极作用。特别是在新疆，通过广大爱国宗教人士努力，揭露宗教极端主义的反动本质，澄清被宗教极端势力篡改歪曲的宗教教义，按照社会发展的需要对宗教经文正确解释，引导广大信教群众正确理解宗教教义，认清宗教极端思想和非法宗教活动的危害性，自觉反对宗教极端主义，对维护各民族的共同利益、维护国家法律尊严、维护民族团结、维护国家统一起到了积极的作用。但是，也应该看到，宗教的消极作用并没有随着社会主义制度的建立而消除。宗教中所宣扬的神灵、创世、原罪、天堂地狱、因果报应、命定论等观念还在影响着人们的思想；一些人打着宗教的旗号，利用宗教骗取钱财；一些人不遵守国家有关宗教的法律、法规和政策，利用宗教干预国家行政、司法、教育、婚姻和计划生育等；一些人以建宗教寺庙为名，对信教群众进行经济摊派，乱建大建寺庙，寺庙建设相互攀比，加重了信教群众的负担；一些人借宗教信仰自由之名，违背政教分离原则，在社会公共场所散发宗教宣传品，干扰社会秩序，对不信教群众进行排斥，强迫他人信教；一些人借社会上出现的一些矛盾和问题，大肆宣扬导致这些矛盾和问题产生的根本原因就是因为人们没有宗教信仰，说什么只有宗教才能拯救社会，企图用宗教取代社会主义先进文化和核心价值体系。

在人类社会的发展过程中，宗教的社会作用具有多样性，既有积极作用，也有消极作用。在社会主义制度下，要尽可能地抑制宗教的消极作用，积极引导宗教与社会主义社会相适应、与时代发展相适应，深入挖掘宗教中的积极因素，为建设中国特色社会主义事业服务。

三、我国宗教的"五性"特征

宗教"五性"论是中国共产党人坚持马克思主义宗教观，对中国宗教的社会特征作出的理论概括，是马克思主义宗教观发展史上的重大贡献。宗教"五性"论具有理论上的普遍性，尤其是对影响全球的世界三大宗教，也是适用的。宗教"五性"论对于我们正确认识宗教与社会主义社会的关系，正确认识和处理宗教问题提供了理论指导。

（一）长期性

宗教有其产生、发展、消亡的客观规律，是不以人的意志为转移的。宗教作为人类社会发展到一定阶段的文化历史现象，其存在有复杂的自然根源、社会根源和认识根源。在我国社会主义条件下，随着剥削阶级和剥削制度的消灭，宗教赖以存在的阶级根源基本消除，但由于我国尚处于社会主义初级阶段，宗教赖以存在的自然根源、社会根源以及其他根源仍然长期存在，因此宗教还将长期存在，并按其自身规律和特点对社会产生影响。这就要求我们必须正确认识和对待宗教，既不能用行政的力量去消灭宗教，也不能用行政的力量去发展宗教，要立足长远，坚持不懈地做好宗教工作。

（二）群众性

我国是一个多种宗教并存的国家，主要有佛教、道教、伊斯兰教、基督教、天主教等，信仰各种宗教的信教群众近2亿人。这说明宗教在我国仍有比较广泛的群众基础。习近平总书记在中央统战工作会议上强调："宗教工作本质上是群众工作。"所以，从一定意义上说，正确对待宗教问题，就是正确对待群众问题。信教群众也是群众，是党可以团结和依靠的力量，党同信教群众的关系是血肉关系。因此，必须正确认识和对待信教群众，始终坚持政治上团结合作、信仰上相互尊重。把广大信教群众看作建设中国特色社会主义的积极力量，把党同信教群众的关系看作血肉联系，这是中国共产党对马克思主义宗教观和群众观的重大发展，必将极大地调动宗教界人士和广大信教群众的积极性，为中华民族的伟大复兴凝聚力量。

（三）民族性

宗教与民族有着密切的联系。我国是一个多民族国家，一些宗教的民族性特征十分突出。例如，藏、蒙古、裕固、土等民族多数人信仰藏传佛教；回、维吾尔、哈萨克、柯尔克孜、乌孜别克、塔塔尔、塔吉克、东乡、撒拉、保安等民族信仰伊斯兰教的群众较多；傣、布朗、德昂、佤等民族信仰巴利语系佛教的群众较多；还有一些民族多数人信仰东正教或其他宗教。宗教对这些民族的心理、文化以及日常生活习俗等有深刻影响。

宗教虽具有民族性，但宗教与民族是两个不同的范畴，不能把宗教信仰等同于民族风俗习惯，带有宗教色彩的民族风俗习惯不等同于宗教本身。境内外敌对势力往往利用宗教的民族性特点，进行潜移默化的渗透，破坏社会稳定和民族团结，阻碍民族发展进步。例如，他们利用民族风俗习惯与宗教的关系，泛化"清真"概念，企图使民族风俗习惯宗教化、神圣化，为其从事分裂破坏活动营造氛围；他们大肆宣扬封斋、礼拜等宗教活动是民族风俗习惯，由此拉拢共产党员参与非法宗教活动。

宗教信仰和民族风俗习惯是两个概念。民族风俗习惯是一个民族在一定自然环境和社会环境中相沿积久而形成的生活方式，在不同程度上反映了民族的历史传统、心理情感以及道德准则、宗教观念等。宗教信仰是一种社会意识形态和行为方式，宗教活动是宗教信徒为表达个人宗教信仰和感情，独自或集体进行的一种较为固定或有规律的行为，如诵经、礼拜、受洗等。

共产党员要坚决执行不信仰宗教、不参加宗教活动的规定，同时允许在不违背原则立场情况下，尊重和适当随顺一些带有宗教色彩的民族风俗习惯，以利于更好联系信教群众，把他们团结在党和政府周围。

民族问题与宗教问题时常交织，成为观察和处理宗教问题需要注意的因素。要正确把握党的民族、宗教政策，及时妥善解决影响民族团结的矛盾纠纷，善于体察民族问题与宗教问题的区别和联系，坚持具体问题具体分析，是什么问题就按什么问题处理。

（四）国际性

宗教具有国际性，世界各主要宗教都是跨国界的宗教。

我国各主要宗教中，除道教外，佛教、伊斯兰教、基督教、天主教等都是从国外传入，至今依然保持着宗教方面的国际联系。这几个宗教都是世界性宗教，在世界许多国家和地区都有许多信徒，从而使我国宗教具有国际性的特征。随着我国国际地位的不断提高和对外开放的不断扩大，我国宗教方面的对外友好交往和国际联系日益增多，增进了我国人民同世界各国人民之间的相互了解和友谊。但是也要看到，当今国际舞台上各种政治势力都在插手宗教，利用宗教的国际性来达到政治目的。境外敌对势力利用我国对外开放之机，也在利用宗教作为对我国进行"分化""西化"的手段。比如基督教的"福音西进"计划，伊斯兰教的"泛伊斯兰主义"思潮、宗教激进主义运动等，都在企图利用宗教对我国进行渗透。20世纪七八十年代以来，受宗教极端主义活跃的影响，我国境内"三股势力"活动猖獗。因此，充分认识到宗教的国际性，有利于我们开展正常的宗教方面的国际交往，有利于抵御境外势力利用宗教对我国进行的渗透破坏。

（五）复杂性

首先，宗教的复杂性表现在宗教是一种十分复杂的社会现象，它既是一种意识形态，又是由宗教组织和宗教信徒构成的一种社会实体。从历史发展来看，宗教经历了由原始社会的氏族宗教到古代的国家宗教又发展到当今的世界宗教的过程。从横向看，至今世界各国还并存着原始部落宗教、民族宗教和世界宗教等形态各异的宗教。在某一宗教内部，往往又分化出各种各样的教派。不同宗教、教派之间会因争夺信教群众而引发矛盾和冲突。其次，宗教的复杂性还表现在宗教与政治、经济、文化、民族等许多方面发生着错综复杂的关系，对社会发展和稳定产生重大影响，从而使宗教领域中的矛盾更显现出多样性的特点。同时还要看到，国内外敌对势力总是千方百计利用宗教方面的矛盾，企图达到反对社会主义制度、颠覆我国国家政权或控制我国宗教组织的目的。尤其在新疆这样一个多民族、多宗教地区，利用宗教进行渗透，从事分裂、暴力恐怖活动的问题十分突出。这就使宗教方面的矛盾常常是敌我矛盾和人民内部矛盾交织在一起，增加了解决宗教问题的难度。因此，在对待和处理宗教问题上，一定要严格区分两类不同性质的矛盾，一定要采取"特别慎重""十分严谨"和"周密考虑"的态度。

四、马克思主义宗教观的中国化

马克思主义宗教观的中国化，是中国共产党人在领导中国革命、建设和改革的实践过程中，把马克思主义宗教观的基本原理同中国宗教的具体实际相结合，在正确认识和处理宗教关系、宗教问题方面提出的一系列重要观点。马克思主义宗教观的中国化经历了初步形成时期、恢复和全面发展时期、趋向完善时期三个阶段。

（一）初步形成时期

初步形成时期是指新民主主义革命时期和中华人民共和国成立后的最初时期。中国共产党自成立以后，就十分重视宗教问题。中国共产党领导人在坚持马克思主义宗教观的基础上不断探索正确认识和处理宗教问题的途径。在新民主主义革命时期，中国共产党提出了宗教信仰自由、尊重少数民族宗教信仰和风俗习惯、与宗教界进步人士建立政治上的统一战线等思想主张。

中华人民共和国成立以后，通过对宗教制度的重大改革，宗教问题从以阶级矛盾为主转变为以人民内部矛盾为主。在认识和处理宗教问题上，以毛泽东同志为核心的党的第一代中央领导集体提出了以下思想主张：

1. 全面实行宗教信仰自由政策，保障广大信教群众的宗教信仰自由权利和正常宗教活动。

2. 中国宗教具有长期性、群众性、民族性、国际性、复杂性的特点。

3. 坚持和扩大对宗教界的统一战线，特别要团结少数民族宗教上层人物。

4. 宗教在社会主义时期还将长期存在，宗教要有益于社会。

5. 正确对待人们的宗教信仰，信教的和不信教的群众要相互尊重、和睦相处。

6. 在宗教问题领域，要正确区分和处理两类不同性质的矛盾。

这些思想主张成为我们党和政府在社会主义时期处理宗

教问题和开展宗教工作的基本方针。20世纪50年代后期到
"文化大革命"期间，受"左"的错误思想影响，马克思主义
宗教观和中国共产党领导人的宗教理论，以及党和国家有关
宗教的政策遭到肆意践踏和歪曲，直到"文化大革命"结束
后才得到恢复。

（二）恢复和全面发展时期

党的十一届三中全会以后，以邓小平同志为核心的党中
央纠正了极左路线的错误，继承和发展了马克思主义宗教观
以及中国共产党第一代领导人的宗教理论和相关政策，重新
恢复了宗教信仰自由政策，提出了一系列具有开创意义的思
想观点和政策。这些基本观点和基本政策集中体现在1982年
中共中央印发的19号文件中，即《关于我国社会主义时期宗
教问题的基本观点和基本政策》。19号文件全面系统地论述
了社会主义初级阶段的宗教问题，是中国共产党对马克思主
义宗教观的重大发展。主要内容有：

1. 宗教是一种社会历史现象。

2. 全面阐述了宗教在社会主义条件下必然长期存在的
根源。

3. 在社会主义时期，我国宗教的状况已经起了根本的变

化，宗教问题上的矛盾已经主要是属于人民内部的矛盾，处理好宗教方面的人民内部矛盾，已经成为宗教工作的主题。

4. 要善于体察民族问题与宗教问题的区别和联系。

5. 处理好宗教问题主要反对"左"的倾向，又要防止和克服放任自流的倾向。

6. 尊重和保护宗教信仰自由，是党对宗教问题的基本政策。

7. 我国社会主义时期处理一切宗教问题及贯彻执行宗教信仰自由政策的根本出发点和落脚点，是使全体信教和不信教的群众联合起来，把他们的意志和力量集中到建设现代化的社会主义强国这个共同目标上来。

8. 马克思主义者和爱国的信教群众完全可以而且必须结成为社会主义现代化建设共同奋斗的统一战线。

9. 坚持独立自主、自办教会的原则。既要积极开展宗教方面的国际友好往来，又要坚决抵御外国宗教中的一切敌对势力的渗透。

10. 加强党的领导，是处理好宗教问题的根本保证。

（三）趋向完善时期

党的十三届四中全会以来，中国共产党在继续推进中国特色社会主义的伟大实践中，系统总结了党处理宗教问题的经验，提出了一系列新思想、新观点、新理念，使中国化的马克思主义宗教观趋向完善。

以江泽民同志为核心的党中央，把马克思主义宗教观与中国社会主义初级阶段宗教问题的具体实践相结合，形成了一套关于新时期宗教问题的基本观点和政策。主要内容有：

1. 宗教工作是党和国家工作中的重要组成部分，在党和国家事业发展的大局中有着重要地位。

2. 要放眼世界，立足国际大背景，着眼于党和国家全局，深刻认识宗教问题的重要性。

3. 社会主义时期宗教问题的特点表现为根本是长期性、关键是群众性和特殊的复杂性。

4. 民族、宗教无小事。全党要高度重视宗教问题和民族问题的密切联系。

5. 社会主义时期宗教的社会作用具有积极和消极的二重性，还会受到一定范围内存在的阶级斗争和国际上一些复杂因素的影响。

6. 宗教工作基本方针是全面正确地贯彻党的宗教信仰自由政策，国家依法管理宗教事务，坚持独立自主自办的原则，积极引导宗教与社会主义社会相适应。

7. 实行宗教信仰自由政策是尊重人权的表现，要保持这一政策的稳定性和连续性。

8. 同宗教界政治上团结合作、信仰上相互尊重，进一步巩固和发展党同宗教界的爱国统一战线。

9. 对党内，要求共产党员不能信仰宗教，要坚持唯物论、无神论；对群众，进行唯物论、无神论教育。

党的十六大以后，以胡锦涛同志为总书记的党中央立足于我国基本国情，提出了一系列新思想、新观点，进一步丰富和发展了马克思主义宗教观。主要内容有：

1. 宗教关系是政治和社会领域中涉及党和国家工作全局的五个重大关系之一。

2. 要坚持马克思主义宗教观，以"三个代表"重要思想的宗教理论统一全党对宗教问题的认识。

3. 做好信教群众工作是宗教工作的根本任务。要坚持以人为本，最大限度地把信教群众团结起来。

4. 充分认识境外势力利用宗教对我国进行渗透的严重危害性。

5. 加强爱国宗教团体建设。要加大培养、选拔、使用工作力度，努力造就一支政治上靠得住、学识上有造诣、品德上能服众的合格宗教教职人员队伍。

6. 发挥宗教在促进社会和谐方面的积极作用。发挥宗教界人士和信教群众在促进经济社会发展中的积极作用。

7. 全面推进、积极引导宗教与社会主义社会相适应、相和谐。

习近平总书记在2016年全国宗教工作会议上首次明确提出，要坚持和发展中国特色社会主义宗教理论。中国特色社会主义宗教理论，坚持和发展了马克思列宁主义、毛泽东思想关于宗教的基本观点，概括总结了邓小平理论、"三个代表"重要思想、科学发展观关于宗教问题的重要论述，充分体现了党的十八大以来以习近平同志为核心的党中央关于宗教工作的新思想、新观点、新要求，是我们党关于宗教理论的重大创新，是马克思主义宗教观在当代中国的最新成果，是习近平新时代中国特色社会主义思想的重要组成部分。习近平同志关于宗教问题和宗教工作的重要论述主要有：

1. 宗教问题始终是我们党治国理政必须处理好的重大问题，宗教工作在党和国家工作全局中具有特殊重要性，关系中国特色社会主义事业发展，关系党同人民群众的血肉联系，关系社会和谐、民族团结，关系国家安全和祖国统一。

2. 做好宗教工作，必须坚持党的宗教工作基本方针，要全面贯彻党的宗教信仰自由政策，依法管理宗教事务，坚持独立自主自办原则，积极引导宗教与社会主义社会相适应。

3. 宗教工作本质上是群众工作。做好党的宗教工作，把党的宗教工作基本方针坚持好，关键是要在"导"上想得深、看得透、把得准，做到"导"之有方、"导"之有力、"导"之有效，牢牢掌握宗教工作主动权。

4. 要提高宗教工作法治化水平，用法律规范政府管理宗教事务的行为，用法律调节涉及宗教的各种社会关系。要保护广大信教群众合法权益，深入开展法治宣传教育，教育引导广大信教群众正确认识和处理国法与教规的关系，提高法治观念。

5. 积极引导宗教与社会主义社会相适应，必须坚持中国化方向，必须提高宗教工作法治化水平，必须辩证看待宗教的社会作用，必须重视发挥宗教界人士作用，引导宗教努力为促进经济发展、社会和谐、文化繁荣、民族团结、祖国统一服务。

6. 做好新形势下宗教工作，就要坚持用马克思主义立场、观点、方法认识和对待宗教，遵循宗教和宗教工作规律，深入研究和妥善处理宗教领域各种问题，结合我国宗教发展变化和宗教工作实际，不断丰富和发展中国特色社会主义宗教理论，用以更好指导宗教工作实践。

7. 要构建积极健康的宗教关系。在我国，宗教关系包括党和政府与宗教、社会与宗教、国内不同宗教、我国宗教与外国宗教、信教群众与不信教群众的关系。促进宗教关系和谐，这些关系都要处理好。处理我国宗教关系，必须牢牢把握坚持党的领导、巩固党的执政地位、强化党的执政基础这个根本，必须坚持政教分离，坚持宗教不得干预行政、司法、教育等国家职能实施，坚持政府依法对涉及国家利益和社会公共利益的宗教事务进行管理。

8. 处理宗教问题的基本原则，就是保护合法、制止非法、遏制极端、抵御渗透、打击犯罪。

9. 要依法保障信教群众正常宗教需求，尊重信教群众的习俗，稳步拓宽信教群众正确掌握宗教常识的合法渠道。

10. 要坚持政治上靠得住、宗教上有造诣、品德上能服众、关键时起作用的标准，支持宗教界搞好人才队伍建设。

11. 宗教是人类社会发展到一定阶段的历史现象。它是社会意识形态，又是人类文化的重要载体。

12. "三股势力"以宗教极端为思想基础，以暴力恐怖为主要手段，以民族分裂为最终目的。要坚决抵御境外利用宗教进行渗透，防范宗教极端思想侵害。

13. 新疆最大的群众工作就是民族团结和宗教和谐。做好这项复杂而艰巨的群众工作，尤其需要贯彻落实好党的宗教政策，发挥好宗教界人士和信教群众在促进经济社会发展中的积极作用。

14. 要坚持新疆伊斯兰教中国化方向，实现宗教健康发展。

综上所述，马克思主义宗教观的中国化，是中国共产党人运用马克思主义基本原理，结合中国宗教的具体实际，提出了一系列新思想、新观点、新理念、新的宗教工作方法，逐步形成了富于创新性的中国化马克思主义宗教观。它是党和国家制定各项宗教政策、处理宗教问题的思想指导，也是各族干部群众要牢固树立的正确认识。

第二章

全面正确贯彻党的宗教政策

中国共产党和人民政府基于马克思主义宗教观，根据宗教问题的长期性、群众性和特殊的复杂性，提出了一整套有效处理宗教问题的基本方针和政策。主要有：全面实行宗教信仰自由政策，依法管理宗教事务，坚持独立自主自办原则，积极引导宗教与社会主义社会相适应。

一、尊重和保护宗教信仰自由

尊重和保护宗教信仰自由，是我们党和国家对待宗教问题的一项长期的基本政策，是宪法赋予公民的一项基本权利。实行宗教信仰自由政策，是尊重和保障人权的重要体现，出发点和落脚点是要最大限度把广大信教和不信教群众团结起来，凝聚他们的智慧和力量，共同建设中国特色社会主义，实现中华民族伟大复兴的中国梦。

（一）为什么要实行宗教信仰自由政策

第一，社会主义时期宗教将长期存在下去。中国共产党人是无神论者，但是坚持科学的世界观，遵循宗教发展的客观规律。宗教有其产生、发展和消亡的规律，这是不以人的意志为转移的。在社会主义时期，宗教将长期存在。只要宗教存在，就要执行宗教信仰自由政策。

第二，宗教信仰问题是思想领域的问题。对于思想性质的问题，只能说服教育，不能强迫命令；只能正面引导，不能压制打击；只能采取民主的办法，不能采取粗暴的办法，更不能采取专政的手段，否则只能适得其反。

第三，信教群众和不信教群众在思想信仰上虽然有差异，但他们在政治上、经济上的根本利益是一致的。他们的共同愿望是要建设中国特色社会主义，实现中华民族的伟大复兴。既然根本利益是一致的，只有求同存异，才能结成广泛的爱国统一战线，去实现共同的目标。因此，宗教信仰自由政策是真正符合宗教发展规律、真正符合人民利益的唯一正确的宗教政策。

（二）宗教信仰自由政策的内容

《中华人民共和国宪法》第三十六条规定："中华人民共和国公民有宗教信仰自由。任何国家机关、社会团体和个人不得强制公民信仰宗教或不信仰宗教，不得歧视信仰宗教的公民和不信仰宗教的公民。国家保护正常的宗教活动。任何人不得利用宗教进行破坏社会秩序、损害公民身体健康、妨碍国家教育制度的活动。宗教团体和宗教事务不受外国势力的支配。"

我国宗教信仰自由政策的基本内容主要包括三个方面：

1.公民有信仰宗教和不信仰宗教的自由。

每个公民既有信仰宗教的自由，也有不信仰宗教的自由；有信仰这种宗教的自由，也有信仰那种宗教的自由；在同一宗教里面，有信仰这个教派的自由，也有信仰那个教派的自由；有过去不信教而现在信教的自由，也有过去信教而现在不信教的自由。简而言之，就是既尊重和保护信教的自由，也尊重和保护不信教的自由。信教公民和不信教公民享有同等政治及经济、社会、文化等方面的权利，不会因信仰不同造成权利上的不平等。国家尊重公民宗教信仰自由，保护一切在宪法、法律、法规和规章范围内进行的正常宗教活动；公民行使宗教信仰自由权利，不得妨碍其他公民的合法权利，不得强制他人信仰宗教，不得歧视不信教或者信仰其他宗教的公民，不得利用宗教妨害公民合法权益。行使宗教信仰自由权利必须尊重公序良俗，尊重文化传统和社会伦理道德。

2.国家实行政教分离。

政教分离既是一项原则，又是一项制度，是目前大多数国家采取的方式，它反映宗教与国家、与政治、与政权的一种新型关系。我国实行政教分离基本原则的主要内容包括：

第一，宗教组织不是国家政权的组成部分，而是社会组织和群众团体，国家对各宗教和教派一律平等、一视同仁，不能利用国家政权扶持某种宗教，也不能利用国家政权压制某种宗教，任何宗教都不能超越其他宗教在法律上享有特殊地位。

第二，信仰宗教或者不信仰宗教是公民个人的私事。国家尊重公民的宗教信仰自由，保护正常的宗教活动，宗教活动必须在国家宪法、法律、法规和规章允许的范围内开展。

第三，为了保障公共利益和包括信教群众在内的全国各族人民的根本利益，政府依法对涉及国家利益和社会公共利益的宗教事务进行管理，但不干涉宗教团体内部事务；宗教组织也不得干预行政、司法、教育、计划生育等国家政策的实施，不能以政教分离为借口不服从政府的依法管理。

第四，虽然实行政教分离，但信教公民同其他公民一样，享有同等的政治以及经济、社会、文化等方面的权利。宗教组织的代表可以通过合法渠道参与政治生活，如通过参加各级人民代表大会和政治协商会议等途径，表达社会主张，对依法管理国家和社会事务、管理经济和文化事业，特别是宗教事务提出意见和建议，并实施民主监督。

3.坚持权利与义务的统一。

没有无义务的权利，也没有无权利的义务，权利与义务是相统一的。宗教界人士和信教群众在行使宗教信仰自由权利的同时，要自觉履行相应的义务。

第一，信徒作为公民，要遵守教义教规，更要遵守国家宪法、法律、法规和规章，自觉维护宪法和法律、法规权威；要做一个好信徒，更要做一个好公民。我国不是一个宗教国家，而是一个世俗国家，任何人、任何团体都应当维护人民利益，维护法律尊严，维护民族团结，维护国家统一。在教义教规与国家法律发生矛盾时，要遵循法律至上原则，不得逾越法律底线。

第二，自由须以不妨害他人自由为界。个体公民行使宗教信仰自由权利时，不得强制他人信仰宗教或信仰特定宗教，不得歧视不信教或信仰其他宗教的公民，不得利用宗教损害公民身体健康。

第三，宗教活动都是在社会中进行的，行使宗教信仰自由权利时必须服从公序良俗，自觉维护社会秩序，尊重文化传统和社会伦理道德，这是社会对宗教的要求，也是宗教在社会中存在发展的需要。

总之，宗教信仰自由就是权利与义务的统一。一方面，信仰或不信仰宗教是公民的基本权利，任何人不得干涉；另一方面，宗教活动必须在宪法、法律、法规和规章范围内进行，遵守宪法、法律、法规和规章是宗教活动者必须履行的义务。

（三）全面理解宗教信仰自由政策

宗教信仰自由政策是中国共产党正确认识和处理宗教问题的一项基本政策。全面理解宗教信仰自由政策，需要澄清三个方面的思想认识。

1.宗教信仰自由不等于"宗教自由"。

宗教信仰自由是指在意识形态领域里，信仰宗教或不信仰宗教都是自由的，而不是说信仰宗教的人可以打着宗教旗号为所欲为。我们社会主义国家是法治国家，宗教不能凌驾于国家法律之上。要求不受任何约束的"宗教自由"是不可能的，是不符合社会主义民主与法制的。在任何国家，宗教都必须服从这个国家的法律，否则就会受到制裁。要求不受任何约束的所谓"宗教自由"，在任何国家都是不允许的。

2.人民教师和青少年学生不能参加宗教活动。

教育与宗教相分离，是世界大多数国家普遍坚持的原则。坚持教育与宗教相分离，是政教分离的基本内容和要求，也是由我国的教育性质决定的。我们国家的教育是社会主义的教育，学校的根本任务是培养德智体美劳全面发展的社会主义事业建设者和接班人。《中华人民共和国宪法》第三十六条规定："任何人不得利用宗教进行破坏社会秩序、损害公民身体健康、妨碍国家教育制度的活动。"《中华人民共和国教育法》第八条也明确规定："教育活动必须符合国家和社会公共利益。国家实行教育与宗教相分离。任何组织和个人不得利用宗教进行妨碍国家教育制度的活动。"根据我国宪法和法律、法规，任何组织或个人不得利用宗教妨碍公民接受学校教育和社会公共教育，不得利用宗教妨碍义务教育的实施，不得利用宗教妨碍学校教学活动的正常进行。人民教师是履行教育教学职责的专业人员，承担着教书育人、培养社会主义事业建设者和接班人、提高民族素质的使命，应当忠诚于人民的教育事业，既要做到不信教、不参加宗教活动，又要做到立场坚定、旗帜鲜明地反对、抵制利用宗教妨碍教育制度的破坏活动。青少年学生是祖国的未来、民族的希望，是社会主义现代化事业的建设者和接班人。学生所肩负的职责使命和自身发展的需要，决定了学生不能信教，更不能从事任何形式的宗教活动。

3.宗教信仰自由是对一般公民个人而言，不适用于共产党员。

中国共产党坚持以马克思主义作为自己的行动指南，由此决定了共产党员不能赞同唯心主义、不得信仰宗教，这是中国共产党的一项基本思想原则、组织原则、政治纪律。党的宗教信仰自由政策，是对我国一般公民来说的，并不适用于共产党员。共产党员不同于一般公民，是马克思主义政党的成员，毫无疑问地应当是无神论者，而不应当是有神论者。共产党员不信仰宗教不违背宗教信仰自由政策，相反，所谓"不允许共产党员信仰宗教违背了宗教信仰自由政策"的说法，实质上是假借"公民权利"的名义取代对共产党员保持思想先进性和履行共产党员义务的要求。当一个公民志愿加入中国共产党的时候，就意味着他无条件地接受马克思主义的辩证唯物主义世界观，也就意味着他根据公民所享有的宗教信仰自由权利自愿选择了不信仰任何宗教。

二、依法管理宗教事务

依法管理宗教事务，是我们党和政府在宗教工作上的一个重要指导思想，是实行依法治国方略的必然要求。我国是一个法治国家，宗教事务作为社会事务的一部分，必须依法管理。依法对宗教事务进行管理是依法治国的组成部分，也是国家形势发展的需要。

（一）为什么要对宗教事务进行依法管理

1.依法管理宗教事务是依法治国的必然要求。

依法治国，就是以法律的形式维护国家利益，维护最广大人民群众的利益，维护国家和社会的正常秩序。宗教信仰属于意识形态，是公民个人的私事。而宗教活动涉及国家利益和公共利益，与此相关的宗教事务属于社会公共事务的一部分。因此，同其他社会事务一样，宗教活动需要在法律范围内进行。对宗教活动进行依法管理，是建设社会主义法治国家的必然要求，任何宗教、任何人都不得凌驾于国家法律之上。

2.依法管理宗教事务是保障公民宗教信仰自由的必然要求。

宗教信仰自由政策是依法管理宗教事务的基础，依法管理宗教事务是贯彻宗教信仰自由政策的保证。法律具有保护正常宗教活动、制止非法宗教活动、遏制极端、抵御渗透、打击犯罪的功能。保护合法和制止非法、打击犯罪都是为了保障公民宗教信仰自由的权利不受侵害，保障社会公共利益不受侵害。这实际上是对信教者以及正常宗教活动的保护，它包括人身安全的保障，活动组织者合法性、活动内容合法性的保障。超出法律允许范围的非法宗教活动，不但会极大地危害社会，也是对正常宗教活动的一种冲击。

3.依法管理宗教事务是防止非法宗教活动和抵御宗教极端思想渗透的必然要求。

非法宗教活动和宗教极端思想渗透对社会稳定和长治久安造成极大的危害。在新疆，境内外敌对势力打着民族、宗教旗号，利用民族、宗教问题进行分裂破坏活动。他们往往利用信教群众虔诚的宗教信仰和朴素的宗教情感，通过地下教学经、非法讲经等非法宗教活动传播宗教极端思想，煽动宗教狂热，制造民族对立，破坏社会稳定。事实证明，非法宗教活动和宗教极端思想是"三股势力"赖以生存的土壤，是催生民族分裂、暴力恐怖等违法犯罪活动的温床，是严重影响新疆社会稳定和长治久安的毒瘤。因此，依法管理宗教事务，制止非法宗教活动，抵御宗教极端思想渗透，有利于社会主义现代化建设顺利进行，从制度上和法律上保证了党的宗教政策的贯彻和实施，为新疆社会稳定和长治久安提供了坚强保障。

（二）我国有关宗教方面的法律、法规

我国公民的宗教信仰自由权利受宪法和法律的保护。《中华人民共和国宪法》第三十六条规定："中华人民共和国公民有宗教信仰自由。任何国家机关、社会团体和个人不得强制公民信仰宗教或者不信仰宗教，不得歧视信仰宗教的公民和不信仰宗教的公民。国家保护正常的宗教活动。任何人不得利用宗教进行破坏社会秩序、损害公民身体健康、妨碍国家教育制度的活动。宗教团体和宗教事务不受外国势力的支配。"《中华人民共和国刑法》《中华人民共和国国家安全法》

《中华人民共和国反恐怖主义法》等法律均有保护公民宗教信仰自由的相关规定。

2004年，国务院公布了《宗教事务条例》，这是我国第一部宗教事务方面的综合性行政法规，后来根据形势需要于2017年进行了修订。2017年修订公布的《宗教事务条例》，强化了对公民宗教信仰自由和宗教界合法权益的保障，依法规范政府管理宗教事务的行为，增加了维护国家安全和社会和谐的内容。《宗教事务条例》还规定了宗教团体、宗教活动场所和信教公民在设立宗教活动场所、举行宗教活动、开办宗教院校、申请法人资格、出版发行宗教书刊、接受宗教捐献、管理宗教财产、开展公益慈善和对外交流活动等方面的权利和义务，明确了遏制宗教商业化，增加了关于互联网宗教信息服务的内容。

外国人在中国境内的宗教活动也依法受到保护。根据《中华人民共和国境内外国人宗教活动管理规定》："外国人可以在中国境内的寺院、宫观、清真寺、教堂等宗教活动场所参加宗教活动。"同时规定："外国人在中国境内进行宗教活动，应当遵守中国的法律、法规。"

为保障信教公民利益，我国依法打击宗教极端势力和暴力恐怖活动。《中华人民共和国反恐怖主义法》规定："国家反对一切形式的以歪曲宗教教义或者其他方法煽动仇恨、煽动歧视、鼓吹暴力等极端主义"，"禁止任何基于地域、民族、宗教等理由的歧视性做法"。《宗教事务条例》也规定："不得宣扬、支持、资助宗教极端主义，不得利用宗教破坏民族团结、分裂国家和进行恐怖活动。"

新疆维吾尔自治区人民政府和人民代表大会常务委员会根据有关法律、法规，结合新疆实际，积极进行宗教事务立法探索，先后制定了《新疆维吾尔自治区宗教活动场所管理暂行规则》《新疆维吾尔自治区宗教活动管理暂行规定》《新疆维吾尔自治区宗教职业人员管理暂行规定》《新疆维吾尔自治区宗教事务管理条例》等行政法规。进入21世纪以来，为了适应形势的发展与变化，经过反复论证修改，于2014年11月28日由新疆维吾尔自治区第十二届人民代表大会常务委员会修订通过了《新疆维吾尔自治区宗教事务条例》。新修订的《条例》明确了依法保护信教公民的合法权利和正常的宗教活动，新增了遏制宗教极端思想渗透的内容。

我国宗教立法工作的不断完善，使宗教事务管理实现了有法可依，我国公民的宗教信仰自由权利也得到了根本保障。

三、坚持独立自主自办原则

坚持独立自主自办原则是我国各宗教处理对外关系的基本原则。《中华人民共和国宪法》第三十六条明确规定："宗教团体和宗教事务不受外国势力的支配。"我国不干涉别国的宗教事务，也不允许别国干涉中国的宗教事务。坚持独立自主自办原则，既要坚决抵御境外势力利用宗教进行的渗透，防止境外势力利用宗教干涉我国内部事务，又要在平等友好的基础上积极发展同世界各国宗教界的友好往来。

（一）为什么要坚持独立自主自办原则

1.坚持独立自主自办原则是中国百年来历史经验的深刻总结。

1840年鸦片战争之后，基督教、天主教伴随着帝国主义的坚船利炮，凭借一系列不平等条约中有关在华传教的种种特权，深入我国内地大规模传播，发展信徒，扩充教会势力。一些外国传教士在传教过程中，搜罗我国政治、经济、军事等情报，充当西方列强侵略我国的先锋。还有一些外国传教士不择手段，到处霸占田地，欺压官民。从19世纪末20世纪初开始，中国基督教徒先后开展了自立运动和"本色化"运动，尝试摆脱西方教会的控制。但是，在半殖民地半封建的历史条件下，他们的努力注定难以成功。中华人民共和国的成立，使我国基督教和天主教摆脱帝国主义控制，实行独立自主自办教会成为可能。我国天主教开展了反帝爱国运动，走上独立自主、自办教会的道路。我国基督教开展了"三自"爱国运动，走上自治、自传、自养的道路。从此，我国的基督教和天主教成为我国信教群众自办的宗教事业。我国宗教走独立自主自办的道路，是中国人民基于历史作出的自主选择。

2.坚持自主自办原则是中国人民基于现实的必然选择。

随着对外开放的扩大，我国宗教界与世界各国宗教界的友好交往日益增多，但境外势力利用宗教进行渗透的问题也日益突出。因此，在鼓励我国宗教界开展对外友好交往的同时，引导和支持宗教界始终坚持独立自主自办原则，坚决抵御境外势力利用宗教进行的渗透，具有十分重要的意义。坚持独立自主自办原则，关系到我国宗教的健康发展，关系到维护国家主权，关系到社会的稳定，是我国各宗教的共同责任，也是做好宗教工作的必然要求。越是在扩大对外开放的形势下，越要坚持独立自主自办原则不动摇。只有坚持独立自主自办原则，我国宗教界才能真正平等地与世界各国宗教界进行友好交往。

（二）抵御境外势力利用宗教进行渗透

利用宗教进行渗透，是指境外团体、组织和个人利用宗教从事各种违反我国宪法、法律、法规、规章的活动和宣传，与我争夺信教群众，争夺思想阵地，企图"西化""分化"我国。

利用宗教进行渗透通常表现在三个方面：一是利用宗教进行民族分裂活动；二是干涉我国宗教的内部事务；三是在我国境内进行非法传教活动。境外势力利用宗教进行的渗透破坏活动，对我国一些地方，特别是新疆、西藏等边疆少数民族地区已经造成了严重危害。20世纪八九十年代以来，境外敌对势力打着宗教旗号，通过偷运书刊，制作音像制品，地下教学经，非法讲经，鼓动和策反出国留学、经商、朝觐人员，利用广播电台、卫星电视、国际互联网等现代传媒工具，对新疆意识形态领域进行渗透，导致新疆暴力恐怖活动频发多发，严重危害了社会稳定和民族团结。因此，抵御境外敌对势力利用宗教进行渗透是一场尖锐复杂的斗争，关系到国家和民族的根本利益、长远利益，关系到党的执政基础和执政地位，关系到我国各宗教的健康发展。

（三）积极开展宗教方面的对外交往

宗教交往是国际交往的一个重要方面。在我国对外开放不断扩大的形势下，坚持独立自主自办原则，并不是搞自我封闭，而是为了使我国宗教界的对外交往得以正确、健康地开展。积极开展宗教方面的对外交往，有利于反映我国宗教的真实情况，营造良好的国际关系，为我国的发展争取一个宽松的国际环境。要鼓励和支持我国宗教界在独立自主、平等友好、互相尊重的基础上开展对外交往，增进与各国人民及宗教界的相互了解和友谊，为维护世界和平作出积极的贡献。

四、积极引导宗教与社会主义社会相适应

积极引导宗教与社会主义社会相适应，是中国共产党在科学地总结我国社会主义时期宗教工作基本经验的基础上得出的科学论断，是对马克思主义宗教观的重要发展和理论创新。积极引导宗教与社会主义社会相适应，就是要求宗教自身的发展和进步与社会主义的发展目标相一致，即建设中国特色社会主义，致力于中华民族的伟大复兴。"相适应"是指宗教要适应社会主义社会的发展要求，而不是社会主义社会去适应宗教。积极引导宗教与社会主义社会相适应，是中国共产党对待和处理宗教问题、做好宗教工作的指导方针。

（一）为什么要积极引导宗教与社会主义社会相适应

宗教与社会主义社会相适应是社会发展的规律。宗教作为社会意识形态，它和政治思想、法律思想、伦理道德、文学艺术等一样都属于上层建筑。经济基础决定上层建筑，宗教作为上层建筑，必须服从于经济基础，依赖、适应于一定的社会经济制度。同所在社会相适应，是宗教生存发展的趋势和规律。我国是社会主义国家，宗教走与社会主义社会相适应的道路，是我国社会发展的客观要求，也是宗教自身存在的客观需要。从宗教发展史看，宗教与社会和时代相适应是宗教发展的客观事实。我国历史上，凡是进入我国的外来宗教，都必然要经历一个中国化、本土化的过程。促进宗教与社会主义社会相适应，不仅有利于中国特色社会主义建设事业，而且有利于宗教自身的进步。

我国现在处于社会主义初级阶段，宗教作为普遍存在的一种社会现象，还将长期存在，唯一正确的途径就是正确贯彻党的宗教政策，积极引导宗教与社会主义社会相适应。现阶段强调积极引导宗教与社会主义社会相适应，还因为宗教具有积极和消极两个方面的作用，其中消极作用容易被敌对势力所利用，影响国家统一、民族团结和社会稳定。同时，由于目前宗教中还存在不同程度的不良现象，一些旧时代的落后观念和礼仪制度不同程度地体现在宗教中，对信教群众的生活、生产和思想观念造成了一定的负面影响。引导宗教与社会主义社会相适应的一个重要内容，就是引导宗教自身不断地改变和消除旧时代的烙印，在宗教观念、宗教制度、宗教礼仪、宗教组织活动等方面进行改革，从而适应社会主义社会。

我国建立社会主义制度、建设中国特色社会主义、实现中华民族伟大复兴的中国梦，符合包括信教群众在内的广大人民群众的根本利益。我国各宗教自身的改革和进步，以及在与社会主义社会相适应方面付出的积极努力，也为积极引导宗教与社会主义社会相适应打下了坚实的政治基础和实践基础。

（二）引导宗教与社会主义社会相适应的基本内涵

积极引导宗教与社会主义社会相适应的基本内涵，概括起来就是"两个要求"和"五个支持"。

"两个要求"：要求宗教界人士和信教群众热爱祖国，拥护社会主义制度，拥护中国共产党的领导，遵守国家的法律、法规和方针、政策；要求宗教界人士和信教群众从事的宗教活动要服从和服务于国家的最高利益与民族的整体利益。

"五个支持"：鼓励和支持宗教界人士和信教群众发扬爱国爱教、团结进步、服务社会、和谐包容的优良传统；支持宗教界人士和信教群众为民族团结、经济发展、社会进步、社会和谐、祖国统一多作贡献；支持宗教界人士对宗教教义作出符合社会进步要求的阐释；支持宗教界人士增进信教群众对党和政府的理解；支持宗教界人士和信教群众反对和抵制利用宗教进行危害国家和人民利益的非法活动，使他们在实现"两个一百年"奋斗目标下最大限度地团结起来。

热爱祖国，拥护社会主义制度，拥护中国共产党的领导，坚持走中国特色社会主义道路，这是对每一位中国公民的基本要求。信教群众既是教徒，也是公民，自然不能违背这一基本要求。宗教界人士和信教群众要树立公民意识，把爱国和爱教结合起来。宗教界人士和信教群众要以关心国家的强盛、民族的兴旺为己任，以国家的最高利益和民族的整体利益为最重。宗教活动要服从和服务于国家和民族利益，维护法律尊严，维护人民利益，维护民族团结，维护祖国统一，这是所有宗教团体、宗教界人士和信教群众必须遵循的行为准则。

引导宗教与社会主义社会相适应是一个长期的过程，需要党和政府积极引导，也需要宗教界自身不断努力。在引导宗教与社会主义社会相适应的过程中，要鼓励、支持宗教界弘扬和体现爱国爱教、团结进步、服务社会、和谐包容等优良传统和时代特征，坚持和巩固宗教制度民主改革的成果，在新形势下积极探索宗教适应我国社会主义社会的新途径，发挥宗教界人士和信教群众在促进经济社会发展中的积极作用。

第三章 ／

新疆历来是多种宗教并存地区

我国自古以来就是多宗教的国家，各种宗教经过长期孕育发展、吸纳融合，形成了多元共存、和睦相处的格局。我国新疆地区历来是多民族聚居和多种宗教并存地区，现有伊斯兰教、佛教、道教、基督教、天主教、东正教等宗教。一教或两教为主、多种宗教并存是新疆地区宗教格局的历史特点，交融共存是新疆地区宗教关系的主流。

一、新疆地区多种宗教并存格局的
形成和演变

新疆地区作为古代丝绸之路的枢纽，曾是各种文明、多种宗教的汇聚交融之地。历史上这里不仅有本土的原始宗教和萨满教，祆教、佛教、景教（唐代称基督教聂斯脱利派为"景教"）、摩尼教、伊斯兰教等宗教也沿着丝绸之路相继传入，逐步形成了多种宗教并存的格局。新疆地区多种宗教并存格局的形成和演变经历了漫长的历史过程，并始终与复杂的社会政治斗争和民族关系交织在一起。新疆地区宗教的发展演变大致经历了四个阶段。

（一）原始宗教阶段

公元前4世纪以前（新石器时代至春秋战国时期），是原始宗教阶段，主要信仰原始宗教及萨满教。根据考古资料，不晚于新石器时代，新疆地区的原始居民就产生了原始宗教观念。他们相信人有可以脱离肉体而独立存在的灵魂，而且灵魂是不死的，人的肉体死亡后，灵魂在另一个世界里仍然过着同现实世界一样的生活，所以他们在埋葬死者的同时，也把死者生前使用过的生活用品、生产工具等随同死者一起埋葬。灵魂观念的进一步发展就是"万物有灵"观念，相信万物皆有灵魂，在此基础上，产生了自然崇拜、动植物崇拜、图腾崇拜、祖先崇拜等。

新疆地区的原始居民崇拜日月山川、风雨雷电等一切自然现象和自然物。在罗布泊发现的一处氏族社会的墓葬，墓地的地表立有七圈环列木桩，圈外是呈放射状四向展开的列木，其状恰如一轮华光四射的巨日，表现了当时的罗布人对太阳的崇拜。

在新疆富蕴县唐巴勒洞中，有一幅彩绘岩画，上部是两个同心圆，分别代表日、月，旁绘彩云，下部是一个形状怪异的人头像。类似反映日月崇拜的岩画，在新疆多地都有发现。

塔吉克族先民自称"汉日天种"，表明了他们对太阳的崇拜。

山神、水神也是新疆地区古代先民崇拜的自然神灵。新疆多高山大川，巍峨壮丽的天山和阿尔泰山都被视为"腾格里山"，被认为是苍天的化身或天神所居之地。对水的崇拜，来源于水对于生命的重要意义。

新疆地区的原始居民还崇拜动植物。古代罗布人崇拜麻黄草和小麦，死后要随葬这两种植物。农耕居民则崇拜老鼠，古代于阗（今新疆和田）人就对老鼠崇拜有加。玄奘在《大唐西域记》中详细记载了于阗人崇拜老鼠的盛况。于阗人对老鼠的崇拜源于一个古老传说。据说鼠神曾帮助于阗打败匈奴，挽救了于阗。于阗王为了表达对鼠神的感谢，专门为鼠神建立了庙宇，并要求于阗人世世代代祭祀鼠神。自此以后，于阗从国王到老百姓，无不祭祀鼠神，以求得到鼠神的福佑。人们在行经老鼠洞时，都要下马到洞前礼拜致敬。奉献给老鼠的祭品，有各种美味佳肴，甚至还有衣服、弓箭、鲜花等。于阗人认为，如果不虔诚祭祀鼠神，就会发生灾难。20世纪初，在新疆策勒县丹丹乌里克遗址出土了一块彩绘木板，画面是一奇异的鼠头神像。这是古代于阗人崇拜老鼠的有力证据。

图腾崇拜也十分盛行。据《山海经》等古文献记载，周穆王在"昆仑之丘"会见的西王母，长着老虎的牙齿、豹子的尾巴，并像虎豹一样善啸。这个西王母可能就是当时活动在昆仑山一带的以虎、豹为图腾的母系氏族部落的首领。

进入原始社会末期，出现了萨满教，且十分盛行。萨满教是原始宗教晚期阶段的表现形式，得名于这种宗教在满—通古斯语族各部落中比较流行。满—通古斯语族称巫师为"萨满"，由此称为"萨满教"。萨满教的基本特点是信仰萨满具有超自然异能，可与神灵直接沟通。其主要职责是主持氏族部落的宗教活动，祈求氏族神灵保佑本氏族五谷丰登、人畜兴旺，为氏族成员祈儿求女、占卜吉凶、治病消灾等。后来，萨满逐渐参与氏族部落重大事务的决定。据史籍记载，活动在新疆地区的匈奴、乌孙、柔然、鲜卑、吐谷浑、突厥等，都信仰过萨满教。

原始宗教和萨满教在新疆地区流传的历史悠久。直到今天，新疆一些少数民族的观念或习俗中仍或多或少保留着原始宗教和萨满教的遗痕。例如，维吾尔、哈萨克等民族民间存在着一些与太阳、月亮、水、火、盐等有关的禁忌和习俗。哈萨克族人在朔月之夜要祈福，小孩出生时会用火避邪；维吾尔族人小孩生病时，也常用火驱邪；维吾尔族新人举行婚礼时，新郎和新娘要吃一小块用盐水浸过的馕；哈萨克族未婚女性将猫头鹰羽毛插在帽子上以避邪。维吾尔等民族至今仍有麻扎崇拜，在麻扎上立高杆、挂旗幡、悬羊皮等习俗，是萨满教、佛教等多元宗教的遗存。

（二）以佛教为主要宗教的多种宗教并存的形成阶段

公元前4世纪至公元9世纪末（春秋战国时期至唐朝后期），是以佛教为主要宗教的多种宗教并存的形成阶段，信仰原始宗教、萨满教、祆教、佛教、道教、摩尼教和景教等。

祆教是最早传入新疆地区的外来宗教，约公元前4世纪传入，因对火尤为崇拜又被称为"拜火教"。南北朝至隋唐时期流行于新疆各地，吐鲁番地区尤为盛行。高昌统治者设置了管理机构，加强对祆教事务的管理和监督，专门设置了"萨簿"一职。伊犁、吐鲁番、喀什等地都出土有祆教徒拜火用的祭祀物品，民丰县尼雅遗址出土的文书中也记载了古代于阗人敬拜火神的隆重场面。维吾尔、哈萨克、柯尔克孜、塔吉克等民族的先民们历史上都信仰过祆教，至今在这些民族的日常生活中仍能看到拜火的遗痕。例如，维吾尔族人的婚礼上新娘要跨过火盆；哈萨克族牧民转场时，要点起火堆，让人和牲畜从火堆旁走过。

约公元前1世纪，佛教传入新疆地区，在统治者的大力扶持下，逐渐成为占主导地位的宗教。4世纪至5世纪，佛教进入鼎盛阶段，塔里木盆地周缘各绿洲佛寺林立，僧尼众多，形成了于阗、疏勒（今新疆喀什）、龟兹、高昌（今新疆吐鲁番）等著名佛教中心。新疆地区不仅是佛教传入内地的主要通道和中间站，玄奘等名僧大多途经这里到印度等地学习佛教教义，而且这里的很多僧人还到内地弘扬佛法。佛教是世界三大宗教中最早传入新疆地区的，也是在新疆地区流传时间最长、信仰人数最多、社会影响最大的宗教。历史上，佛教对新疆地区的政治、经济、文化、艺术等，都曾产生过广泛深刻的影响。新疆地区佛教在造像、绘画、音乐、舞蹈、寺院和石窟艺术等方面，都达到了很高的水平，为我们留下了大量珍贵的文化遗产，丰富了世界文化艺术宝库。随着佛教的传入和发展，以佛教为主要宗教的多种宗教并存的格局逐渐形成。继佛教之后，道教、景教、摩尼教又相继传入新疆。

道教是中国的传统宗教，产生于东汉顺帝年间（2世纪初）。根据现有考古资料，道教传入新疆地区的时间大约在5世纪前后，主要盛行于吐鲁番、哈密等地，至清代传播至新疆大部分地区并一度复兴。吐鲁番阿斯塔那墓葬中出土了大量道教文物。

约6世纪摩尼教传入新疆地区。9世纪中叶，信奉摩尼教的回鹘人进入吐鲁番地区，建造寺院，开凿洞窟，翻译经典，绘制壁画，在高昌、交河（今新疆吐鲁番市境内）和唆里迷

（今新疆焉耆回族自治县）等地都有摩尼教的寺院和教团组织。后来，随着回鹘人改信佛教，摩尼教逐渐衰落。但直到宋代，在吐鲁番、和田等地仍有摩尼教徒活动。近年来在吐鲁番已发现了30多幅摩尼教的壁画，以及文物和遗址。

景教约6世纪传入新疆地区。初期主要流行于吐鲁番一带。西辽至蒙元时期，由于统治者实行宽容的宗教政策，景教迅速传播到新疆各地。

（三）佛教与伊斯兰教并立为主要宗教的多种宗教并存的演变阶段

10世纪初至16世纪初（唐朝后期至明朝中后期），是佛教与伊斯兰教并立为主要宗教的多种宗教并存的演变阶段。信仰祆教、景教、摩尼教、佛教、伊斯兰教等。

9世纪末10世纪初，伊斯兰教通过宗教战争，强制传入新疆南部。新疆地方政权喀喇汗王朝在接受伊斯兰教后，王朝统治者向东向北扩张，通过发动宗教战争，征服了信仰佛教的于阗王国，佛教势力基本退出了塔里木盆地西部和南部地区，景教等其他宗教也遭到重创和压制。后又发动对同样信仰佛教的高昌回鹘王国的宗教战争，互有胜负，最终两个地方政权双雄并立，形成了新疆地区北部以佛教为主、南部以伊斯兰教为主的多种宗教并存的格局。

西辽统治时期，实行宽容的宗教政策，新疆地区的各种宗教都空前活跃起来。景教得以迅速传播，疏勒、于阗、轮台、高昌、哈密、阿力麻里（今新疆霍城县境内）等地都是传教区。蒙古族人势力进入新疆后，不少汉族道教徒随军迁入。与此同时，西亚、东欧等地一批批基督教徒东来（基督教在元代史书中被称为"也里可温教"），在部分蒙古族上层和维吾尔族先民中均有信徒，但元亡后中断。

14世纪中叶，东察合台汗国的统治者接受了伊斯兰教，以战争等强制手段，将伊斯兰教逐渐推行到塔里木盆地北缘、吐鲁番盆地和哈密一带。至16世纪初，伊斯兰教取代佛教成为新疆地区的主要宗教。

（四）以伊斯兰教为主要宗教的多种宗教并存的发展阶段

16世纪初至今（明朝中后期至今），是伊斯兰教为主要宗教的多种宗教并存的发展阶段，信教群众主要信仰伊斯兰教、佛教、道教、基督教、天主教、东正教等宗教。这一阶段，伊斯兰教作为新疆地区的主要宗教，不但传播地域广大，遍及南、北疆，而且信仰民族多。清朝时期，随着乌孜别克族和塔塔尔族的迁入，新疆地区信仰伊斯兰教的信教群众已有维吾尔、哈萨克、回、柯尔克孜、塔吉克、乌孜别克、塔塔尔等7个民族。

17世纪初，卫拉特蒙古（又称"西蒙古""厄鲁特蒙古"）人接受了藏传佛教，并采取多种手段发展壮大，很快在天山以北兴盛起来，并一度影响到天山以南部分地区。清代迁入新疆地区的锡伯、达斡尔等民族，也接受了藏传佛教。

清乾隆时期统一新疆后，道教一度复兴，传播至新疆大部。据《三州辑略》记载，乌鲁木齐及周围地区的道教宫观，多达百余座。另据《回疆通志》记载，在喀什、英吉沙、乌什、阿克苏、库车、吐鲁番、哈密等地，均建有万寿宫、关帝庙。

约自18世纪开始，基督教、天主教、东正教相继传入新疆地区。清末民初，天主教在新疆地区得到传播。据《新疆图志·交涉志》记载：清光绪三十年（1904年），"喀什瑞典耶稣教（即基督教）堂设于疏附县北关，男教士三人，女教士四人"。到19世纪末，在喀什、英吉沙等地形成了基督教（新教）传教中心。18世纪后期，东正教随着俄罗斯人传入新疆地区，在乌鲁木齐、伊犁、塔城、阿勒泰、喀什等地建立教堂。

目前，新疆宗教的总体格局仍然是信教群众信仰伊斯兰教、佛教、基督教、天主教、道教、东正教等多种宗教，多种宗教并存。

20世纪70年代末80年代初，打着伊斯兰教旗号的极端主义思潮渗入新疆，采取微观渗透伎俩进行传播，成为新疆暴力恐怖活动多发频发的主要思想根源。

从新疆宗教演变的历史看，新疆历来是多种宗教并存地区。一教或两教为主、多种宗教并存是新疆地区宗教格局的历史特点，交融共存是新疆地区宗教关系的主流。"三股势力"否认新疆自古以来多种宗教并存的史实，鼓吹宗教极端思想，蛊惑信教群众，掀起宗教狂热，实质上是打着宗教的幌子进行渗透破坏、煽动暴力恐怖活动。

二、维吾尔族先民改信伊斯兰教
具有多重历史因素

伊斯兰教既不是维吾尔族天生信仰的宗教，也不是唯一信仰的宗教。维吾尔族先民改信伊斯兰教具有多重历史因素，不是当时民众主动改信和转型，而是宗教战争和统治阶级强制推行的结果。

（一）维吾尔族先民信仰过多种宗教

维吾尔族先民最初信仰原始宗教和萨满教。据清代文献记载，接受伊斯兰教后的维吾尔族信教群众仍然保留了"三祭"习俗，即祭天、祭地、祭祖。《突厥语大词典》《福乐智慧》都对维吾尔族先民的萨满教信仰做了描述。今天维吾尔族民间仍有人请萨满教巫师巴合西跳神治病，就是萨满教遗存。

后来，维吾尔族先民还相继信仰过祆教、佛教、摩尼教、景教和伊斯兰教等。

9世纪中叶，漠北回鹘汗国以摩尼教为国教，西迁进入新疆后受当地佛教影响，改信了佛教。佛教在维吾尔族先民中信奉时间较长，并长期占据主要宗教地位。唐宋时期，在高昌回鹘王国和于阗王国，上至王公贵族、下至底层民众均普遍信仰佛教。于阗王国每年四月举行一种名为"行像"（即佛像游行）的大型佛事活动，届时"城里便扫洒道路，庄严巷陌"，国王自始至终参加整个活动。蒙元时期，有大量畏兀儿人信奉景教。据著名旅行家马可·波罗记述，在喀什、和田、伊犁、轮台、吐鲁番、哈密等地，曾看到了景教教堂或与其他宗教信徒居住在一起的景教徒。法国旅行家鲁布鲁克也记述到在畏兀儿人聚居的城市中都有景教徒。这反映了景教在维吾尔族先民中的繁荣景象。伊斯兰教传入新疆地区以后，随着当地统治者的大力推行，逐渐取代佛教成为维吾尔族先民信仰的主要宗教，祆教、摩尼教、景教等淡出历史舞台。

（二）维吾尔族先民改信伊斯兰教主要是宗教战争和统治者强制推行的结果

伊斯兰教成为维吾尔族先民的宗教信仰，主要是统治者发动宗教战争和强制推行的结果，经历了喀喇汗王朝和东察合台汗国时期的两次传播和发展高潮。

伊斯兰教传入新疆地区，以9世纪末10世纪初阿图什大清真寺的建立和萨图克·布格拉汗接受伊斯兰教为重要标志。喀喇汗王朝是9世纪中叶回鹘人与葛逻禄、样磨等部族一起建立的地方政权。汗王定都巴拉沙衮（今吉尔吉斯共和国境内）。893年，喀喇汗王朝在与信奉伊斯兰教的萨曼王朝（874—999年）的战争中失利，副都怛逻斯（今哈萨克斯坦江布尔城）失陷，副汗奥古尔恰克迁往喀什噶尔，并定此为副都。奥古尔恰克对流亡到境内的萨曼王朝王子纳斯尔·本·曼苏尔庇护有加，纳斯尔借机在阿图什建立了新疆地区第一座清真寺。奥古尔恰克之侄萨图克·布格拉汗在其影响下秘密加入伊斯兰教。910年，萨图克·布格拉汗借助伊斯兰教力量发动宫廷政变，夺取政权，在喀什噶尔登上汗位，成为新疆历史上第一位信奉伊斯兰教的地方政权首领。

喀喇汗王朝时期，统治者为巩固其政权，大力推行伊斯兰教。萨图克·布格拉汗死后，其子穆萨·阿尔斯兰汗继续推行伊斯兰教，并以权力强迫其臣属部下接受伊斯兰教。据有关史料记载，960年喀喇汗王朝有20万帐人改信了伊斯兰教，如果每帐以4至5人计，就有80万至100万人改信伊斯兰教。喀喇汗王朝与信奉佛教的高昌回鹘王国和于阗王国并立为新疆地区三大地方割据势力，发生了伊斯兰教同佛教之间的尖锐对抗和斗争。962年，喀喇汗王朝发动对于阗王国的宗教战争，历时40余年，于11世纪初将其攻灭。

1017年，喀喇汗王朝又发动了对高昌回鹘王国的宗教战争，但以失败告终。此后，由于统治者内部矛盾激化，汗国发生分裂，直至13世纪灭亡以前，再也无力进行武力传教。但在这近三百年时间里，喀喇汗王朝使境内原有的各种宗教，尤其是历史悠久、一直居于统治地位的佛教，遭到毁灭性的打击和破坏。

经过宗教政策反复、伊斯兰教发展低谷的西辽统治时期后，伊斯兰教迎来了第二次传播高潮——东察合台汗国时期（1347—1570年）。东察合台汗国首位可汗秃黑鲁帖木儿在阿克苏受苏非派传教士影响而接受了伊斯兰教。他于1347年登上汗位后，便利用政权力量强制推行伊斯兰教，强迫

16万蒙古部众改信伊斯兰教，这些人最终融入维吾尔等民族的先民中。在秃黑鲁帖木儿汗强制推行下，库车、沙雅等地的佛教徒也被迫改信伊斯兰教。秃黑鲁帖木儿汗的后裔又以武力征服了吐鲁番、哈密，迫使当地佛教徒和其他宗教信徒改信伊斯兰教，并对佛教寺院、佛像、佛经进行了毁灭性破坏。据《中亚蒙兀儿史——拉失德史》记载，统治者对那些不信仰伊斯兰教的人实施了极为严酷的刑罚，"蒙兀儿人如果不缠'赛兰'，马哈麻汗就要用马蹄铁钉入这个人的头中。这种做法是司空见惯的"。至16世纪初，伊斯兰教取代佛教成为维吾尔族先民信仰的主要宗教。

喀喇汗王朝和东察合台汗国统治者也采取过一些较为平和的方式推行伊斯兰教。他们修建清真寺、经文学校和麻扎，发展伊斯兰文化教育，扩大伊斯兰教社会影响力，规定改信伊斯兰教者可免缴部分贡税，政治地位和社会地位也相对较高，使信奉者增加。而且，苏非派传教士简化礼仪，吸收当地居民原有的生活习俗，也有力地推动了伊斯兰教在新疆地区的传播发展。

历史事实表明，维吾尔族先民历史上信仰过多种宗教，改信伊斯兰教具有多重历史因素。其中可以肯定的是，维吾尔族先民信仰伊斯兰教，不是当时民众主动改信和转型，而是宗教战争和统治阶级强制推行的结果。虽然这种强迫并不影响人们今天尊重维吾尔族群众信仰伊斯兰教的权利，但它是一个历史真实。伊斯兰教既不是维吾尔族天生信仰的宗教，也不是唯一信仰的宗教。直到今天，仍有一些维吾尔族群众信奉其他宗教，也有许多维吾尔族群众不信仰宗教。

三、促进宗教关系和谐是新疆稳定繁荣的历史经验

　　新疆宗教历史上，由于统治阶级的利用或教派间的争斗，曾经出现过宗教战争或教派冲突，但从总体上看，这些战争或冲突是相对短暂的，并没有改变新疆多种宗教并存的格局，也没有改变新疆多种宗教相互吸收融合、平和包容的关系。多种宗教和谐共处、交融共存是新疆宗教关系的主流。

　　新疆多种宗教相互交融、相互渗透的例子有很多。原始宗教、萨满教和祆教都有对火的崇拜，即使在伊斯兰教传入新疆后，崇拜火的习俗依然没有消失，而是以生活习俗的形式保留了下来。比如，哈萨克族牧民转场时，要点起火堆，让人和牲畜从火堆旁走过；维吾尔族新人举行婚礼时，新娘要跨火盆。这体现了原始宗教、萨满教与伊斯兰教的融合。

　　维吾尔族民间的麻扎崇拜，是萨满教、佛教等多元宗教的遗存，却融进了伊斯兰教的宗教活动中。伊斯兰教的麻扎，其中有很多是原始宗教或佛教圣地转变而来的，比如墨玉县的鸽子麻扎，在《大唐西域记》中曾经记载过。这个麻扎是古代于阗人膜拜鼠神的地方，伊斯兰教传入后，它演变成了伊斯兰教信教群众膜拜的地方，并被赋予了一个伊斯兰教圣人传教的故事。还有和田的牛角山、吐鲁番的吐峪沟，以前都是佛教信徒膜拜的地方，后来成了伊斯兰教信教群众膜拜的麻扎。佛教的影响还体现在清真寺等建筑中，至今在莎车、叶城、喀什、哈密、伊犁等地一些古老的清真寺中，仍可见到佛龛、莲花图案、莲花宝座等遗存。吐鲁番、哈密等地信教群众在清真寺礼拜时还用类似佛珠一样的串珠计数，这也是受佛教的影响。

伊斯兰教传入新疆地区后，同样也对其他宗教产生了影响。比如，新疆的景教徒受伊斯兰教的影响，不佩戴十字架，教堂里也没有耶稣的画像，景教徒的弥撒活动不是在星期一，而是在星期五，与伊斯兰教的主麻日相同。

新疆宗教演变的历史表明，促进宗教关系和谐是新疆稳定繁荣的历史经验。没有宗教关系的和谐，就没有新疆的繁荣稳定。1949 年中华人民共和国成立以来，党的宗教工作基本方针得到贯彻落实，在法律上保证了各宗教的平等地位，宗教联系更加密切，宗教关系更加和谐，新疆各宗教迎来了和谐共处的历史新阶段，从未发生过宗教冲突，也未发生过教派争斗。

"三股势力"极力抬高伊斯兰教，排斥其他宗教，目的就是企图造成"一教独大"局面，破坏新疆多种宗教和谐共存、积极健康的宗教关系。对此，新疆各族干部群众必须保持清醒的认识，要做到三个坚持：一是必须坚持各宗教一律平等，任何宗教不得超越其他宗教享有特殊地位；二是坚持宗教信仰自由，信教群众和不信教群众在法律上享有同等权利和义务；三是坚持法律面前人人平等，无论什么人、属于哪个民族、信仰什么宗教，只要触犯法律、法规，是什么性质就按什么性质处理，决不允许有法外之地、法外之人、法外之教。

第四章

宗教极端思想不是宗教

宗教极端思想是打着宗教旗号的极端主义。在当今世界，打着伊斯兰教旗号的宗教极端主义及其活动，对国际政治生活的影响愈益凸显。20世纪70年代末80年代初，宗教极端思想传播渗入新疆，影响范围不断扩大。宗教极端主义打着伊斯兰教旗号，但完全违背宗教教义，不是伊斯兰教，而是民族分裂主义和恐怖主义的思想基础，是影响新疆社会稳定和长治久安的一颗毒瘤。

一、宗教与宗教极端思想的本质区别

（一）宗教极端思想的产生

宗教极端思想是伊斯兰原教旨主义被扭曲后发生质变的产物。伊斯兰原教旨主义是一种主张回归传统的复兴思潮和宗教运动，本质上属于宗教范畴。它最早可以追溯到9世纪，当时在阿拉伯半岛，形成了伊斯兰教逊尼派四大教法学派，其中罕百里教法学派由伊本·罕百里创立。这一学派比较保守，排斥外来文化，认为伊斯兰教法不能违背的原则，除《古兰经》外，只有"圣训"。由于伊本·罕百里的思想十分固执、偏颇和狭隘，被哈里发政府斥为异端。因此罕百里教法学派的信奉者不是很多。14世纪，著名教法学家伊本·太米叶继承发展了罕百里教法学派思想，他反对"圣徒崇拜"

行为，主张复兴早期伊斯兰教的原旨教义，回归经训传统。伊本·太米叶的思想对近现代伊斯兰复兴思潮和运动产生了重要影响。

18世纪中叶以后，伊斯兰国家纷纷陷入欧洲殖民主义的统治之下，不仅受到西方国家政治、经济、文化等各方面的压迫，而且西方的价值观也不断地侵蚀着伊斯兰国家的社会风气，一时之间奢靡之风四起。在这一历史背景下，伊斯兰国家掀起了一场革新运动。其中，阿卜杜勒·瓦哈卜在阿拉伯半岛发起的瓦哈比运动，就是一次以宗教为旗帜，带有民族主义色彩的社会政治运动。它是近代伊斯兰教历史上规模宏大的宗教改革与复兴运动，也是近代伊斯兰原教旨主义运动的开端。受其影响，1928年，哈桑·班纳在埃及创立了穆斯林兄弟会。这个以回归传统、改革现实社会不端、反对西方文化渗透为宗旨的组织，因其内部意见不一，逐渐分化，其中一派思想较为激进，最终发展成激进组织，其突出特点是随意解释"吉哈德"，歪曲"吉哈德"真实含义，认为"吉哈德"就是诉诸武力。

1954年，穆斯林兄弟会领导人赛义德·库特卜写下了《路标》等书籍，其极端化思想成为后来影响国际政治的恐怖主义和宗教极端主义的理论基础。阿富汗的塔利班组织、"基地"组织，伊拉克、叙利亚的ISIS等宗教极端和暴力恐怖组织，都是从伊斯兰原教旨主义"激进派""极端派"演变而来。

可以看出，打着伊斯兰教旗号的宗教极端主义是伊斯兰原教旨主义被扭曲后发生质变的产物。宗教极端主义不是宗教，而是对宗教的恶意歪曲，突出政治性，组织化程度高，倾向于采用暴力等极端手段，对人类社会的发展造成了极其严重的危害。

（二）宗教极端思想的含义及特征

宗教极端思想是以歪曲宗教教义或者其他方法煽动仇恨、煽动歧视、鼓吹暴力等的主张和行为，其本质是反人类、反社会、反文明，不是宗教，而是对宗教的恶意歪曲利用，是以建立神权统治为目的的一种思想和行为体系。在新疆，宗教极端思想主要打着伊斯兰教旗号。虽然它打着伊斯兰教旗号，但本质上不是伊斯兰教，而是披着宗教外衣的政治，属于政治范畴的问题，其最终目标是采取包括暴力在内的极端手段，建立政教合一的神权统治国家。

宗教极端思想具有以下特征：

一是极端性。包括思想主张、组织形式、活动方式都是极端的。宗教极端分子虽然打着宗教的旗号，甚至有着宗教信徒的身份，但是他们倡导的、鼓吹的并不是宗教，而是对宗教的恶意歪曲，他们只是利用宗教信徒的身份，来掩盖他们思想观念的偏激和极端，粉饰他们行为活动的违法性。

二是政治性。宗教极端分子彻底否定世俗政权，鼓吹"除真主外，不服从任何政府、任何人"。他们假借宗教的名义活动，实际上却是以建立政教合一的政权统治为终极目标。

三是欺骗性。宗教极端分子打着宗教的幌子，将宗教教义中的只言片语拿出来，进行极端的、歪曲的解释，以神灵的名义要求信徒听命于他们，按他们的命令行事。这种假借宗教名义的做法，很容易使一般的信教群众上当受骗，而且宗教极端分子以宗教信徒身份为掩饰，更容易欺骗、蒙蔽信教群众。

四是强烈的排他性。宗教极端分子拒绝排斥一切异质文化和异教信仰，容不得异质文化和异教信仰的存在。甚至对那些信仰同一宗教的信徒们，如果不同意他们的宗教极端思想和活动，也往往进行排挤和打击。

五是暴力性。宗教极端与暴力恐怖活动总是相伴而生，因为宗教极端分子总是极少数，而他们要实现的首要目标却是推翻现政权，这就使他们不仅要面对广大反对宗教极端主义的群众，更要面对掌握军队的国家政权。为达到其险恶政治目的，宗教极端分子便采取各种暴力恐怖手段进行破坏活动。

（三）宗教与宗教极端思想的本质区别

在新疆，宗教极端思想虽然打着宗教旗号，但它完全违背了宗教教义，根本就不是宗教，而是"三股势力"借以掩盖自己、蒙蔽群众、达到制造分裂和暴力恐怖目的的手段，是民族分裂主义和恐怖主义的思想基础。从主张、本质、体系、作用、手段等各方面看，宗教极端思想不是宗教，是反动政治主张，是反人类、反社会的异端邪说。

从主张上看，伊斯兰教倡导爱国、和平、团结、宽容、中道、善行等，坚持把爱国和爱教有机结合起来，把爱国提高到信仰高度，强调两世吉庆；宗教极端思想却主张"神权政治论""宗教至上论""异教徒论""圣战论"等，政治性、排他性、欺骗性、暴力性强烈。

从本质上看，伊斯兰教是入世性强的世界宗教，鼓励信教群众为获得两世吉庆而奋斗；宗教极端思想则打着宗教幌子，歪曲经训教义，扭曲人类良知，利用信教群众朴素的民族宗教情感，煽动宗教狂热，蛊惑信教群众，实施暴力恐怖活动，破坏社会稳定，破坏社会秩序，是反人类、反文明、反社会、反宗教的。

从体系上看，伊斯兰教是一套宗教信仰体系，而宗教极端思想不是宗教，是信仰扭曲后的异化反映，与正信正行格格不入，与公序良俗背道而驰，与文明进步相背而行。

从作用上看，与其他宗教一样，伊斯兰教既有消极作用，也具有一定的积极作用；宗教极端思想则不论假借何种名义或口号，都是反动的，没有任何的积极作用。

从手段上看，宗教主要是通过温和的方式劝善戒恶，用中正的方式秉持其礼仪，从而实现道德教化、心灵慰藉和终极关怀；宗教极端思想则把宗教当成笼络信教群众、扩张势力的精神工具，甚至以暴力恐怖手段来实现政治目的。

综上所述，宗教极端思想根本就不是宗教，而是寄生在宗教上的一颗毒瘤。其本质是披着宗教外衣、打着宗教旗号，宣传极端思想和反动主张，鼓吹暴力恐怖活动，制造族群对立，同伊斯兰教倡导的爱国、和平、团结、宽容、中道、善行的教义背道而驰。

二、宗教极端思想的社会危害

（一）严重危害国家安全和社会稳定

宗教极端主义的最终目标是建立神权统治的国家，所以它必然以颠覆和推翻一切世俗国家政权为目标。不管它采取何种手段，都会对所在国家的安全构成严重威胁。我们看到，在宗教极端主义盛行的国家和地区，动乱、暴乱和骚乱事件总是不断发生。在新疆，宗教极端的最终目标是要推翻中国共产党的领导，把新疆从祖国大家庭中分裂出去，建立神权统治的国家。这一本质决定了它必将给我国国家安全和社会稳定带来严重威胁。自20世纪90年代以来，新疆频繁发生暴力恐怖案（事）件，这些暴力恐怖案（事）件的罪魁祸首都是奉行宗教极端思想的极端分子。他们通过各种非法或违法途径接受宗教极端思想，从而走上反社会、反人类、反文明的犯罪道路。宗教极端分子鼓吹推翻现政权，煽动宗教极端思想，制造不同群体之间的仇视和斗争，大肆进行爆炸、绑架、暗杀等恐怖活动，千方百计制造动乱、暴乱和骚乱事件，严重影响各族人民群众正常的生产、生活秩序。他们犯下的滔天罪行，给各族人民群众造成了极大的伤痛，严重危害了国家安全和社会稳定。

（二）严重危害民族团结和宗教和谐

民族团结和宗教和谐是新疆经济发展、社会稳定和长治久安的重要基础和保障，宗教极端分子要实现建立政教合一的分裂政权的政治目的，必然要竭力破坏我们的民族团结和宗教和谐。为实现这一目的，他们总是在宗教的幌子下，刻意强化人们的宗教意识，在信仰伊斯兰教的民族与不信仰伊斯兰教的民族之间制造裂痕。他们宣扬和鼓吹"异教徒论"，欺骗信教群众说不信仰伊斯兰教的人就是"异教徒"，就是"圣战"的对象。不仅如此，宗教极端分子还将其"异教徒论"渗透和推行到了民族的内部。他们煽动说，即使你是维吾尔族，如果不信仰伊斯兰教同样是"异教徒"；即使你信仰伊斯兰教，如果不赞同和支持他们的极端思想主张也是"异教徒",都是"圣战"的对象。事实表明,宗教极端思想不仅是破坏民族团结,也是破坏宗教内部和谐的罪魁祸首。

(三)严重毒害信教群众的宗教观念和意识

宗教极端分子打着宗教的旗号,美其名曰"振兴伊斯兰教",实际上是利用信教群众朴素的宗教情感和宗教知识的匮乏,竭力混淆正确的宗教观念与宗教极端思想的界限。他们择取《古兰经》中的只言片语,肆意歪曲解释,同时鼓动和要挟信教群众拒绝服从党和政府的领导,拒绝遵守国家的各项法律、法规和政策,拒绝使用国家发放的证件,但他们自己却在使用着国家发行的人民币、吃着政府管理下生产出来的馕和肉的同时,从事着反政府的破坏活动。这就说明,宗教极端分子只是把宗教作为一种工具,利用宗教的名义,以所谓的"宗教信仰"为伪装,来蛊惑、蒙骗信教群众,以达到不可告人的政治目的。宗教极端利用宗教是对被利用宗教本身最大的伤害,因为它所宣扬的并不是真正的宗教,而是对宗教教义的恶意歪曲,这不仅损害了宗教的形象,更从内部腐蚀了这种宗教真正的声誉、教义本旨和灵魂精髓。标榜宗教利益捍卫者的宗教极端分子,才是宗教的真正破坏者和最大的敌人。

（四）严重破坏新疆少数民族优秀的传统文化

传统文化是一个民族文化的核心，是民族存在的精神支柱，它具有无限的生命力和内在的社会价值。一个民族离开传统文化，就像植物离开了土壤、江河断了源头。在漫长的社会生活和历史发展过程中，新疆各民族造就了多姿多彩、辉煌灿烂、别具特色的传统文化，为丰富和发展中华主流文化作出了重要贡献。例如，维吾尔族和其他各民族一样，是一个有着丰富灿烂文化的民族。维吾尔族的艾德莱斯绸，俗称"和田土花绸"，用纯正生丝织成，色彩鲜艳明丽，纹样粗犷奔放，用这种丝绸缝制成的裙子，是维吾尔族妇女的盛装礼服。维吾尔族还是个能歌善舞的民族，在社会生产生活实践中创造出了十二木卡姆和麦西来普等大型歌舞。十二木卡姆是中华文化宝库中的珍品，是维吾尔族人民智慧的结晶，是中华民族优秀文化中不可或缺的一部分。麦西来普集歌曲、舞蹈、戏剧为一体，是维吾尔族传统艺术的杰出代表，是维吾尔族劳动人民自娱自乐与学习歌舞的媒介。但是，这些在历史中积淀而形成的优秀传统文化却被宗教极端分子所否定，他们打着宗教旗号不断蛊惑人们走向保守、走向极端：煽动妇女穿戴蒙面罩袍、男性蓄留大胡须；禁止人们唱歌跳舞；

禁止人们看电视电影、听广播；禁止人们哭丧；禁止人们参加体育活动；等等。总之，他们不仅否定维吾尔族优秀的传统文化习俗，也否定一切现代文明成果。他们之所以这样做，就是为其险恶政治目的服务。

（五）严重影响新疆经济社会发展

新疆原本就是经济发展相对滞后的地区，而宗教极端分子频繁制造暴力恐怖活动，更使新疆经济的各个领域受到重创。2014年乌鲁木齐市"4·30"火车南站暴力恐怖袭击案件、"5·22"公园北街暴力恐怖案件发生后，导致来疆游客数量急剧下降。国内外多家企业出于安全考虑，对到新疆投资发展产生顾虑，尤其是南疆地区一度出现了撤资撤人现象。此外，新疆的餐饮业、零售业、建筑业、外贸等领域也都受到了不同程度的冲击。

三、正确区分正常宗教活动、非法
宗教活动和宗教极端活动

　　正常宗教活动是指宗教人士和信教群众进行的符合国家宪法、法律、法规、政策，以及自治区宗教事务管理法规、条例、规章的宗教活动。比如，在宗教活动场所内以及按照宗教习惯在自己家里进行的一切正常的宗教活动，如礼拜、封斋、拜佛、祈祷、讲道、诵经、烧香、弥撒、受洗、受戒、追思等。正常宗教活动受国家法律保护，任何组织和个人不得加以干涉。

　　非法宗教活动是相对于正常宗教活动而言的。凡是违反国家宪法、法律、法规、政策，以及自治区宗教事务管理法规、条例、规章的宗教活动，都属于非法宗教活动。非法宗教活动给社会稳定带来了严重危害。法律代表了广大人民群众的利益，是对人们行为的规范，也是对人民利益的保护。

非法宗教活动超出了法律的界限，极易被"三股势力"所利用。如利用参加婚礼、葬礼、家庭聚会以及麦西来普等机会，进行讲经布道活动是非法的。如果允许这样的活动存在，讲经活动就失去了管理，就会给一些别有用心的人留下传播宗教极端思想的空间。宗教活动在法律、法规允许的范围内进行，坚决制止非法宗教活动，是维护社会稳定的重要基础性工作。

宗教极端活动是利用宗教进行的违法犯罪活动。利用宗教进行的违法犯罪活动是指利用宗教进行分裂国家、传播宗教极端思想、煽动民族仇恨、破坏民族团结、扰乱社会秩序、损害公民身体健康的活动。宗教极端活动的主要表现是利用宗教传播宗教极端思想，渲染宗教狂热，鼓吹"圣战"，组织、策划、实施各种暴力恐怖活动，以宗教名义掩盖抵制或干预国家司法制度和行政管理，打着宗教旗号干涉社会日常生活等。

非法宗教活动与宗教极端活动性质完全不同，前者主要是人民内部矛盾，后者则是敌我矛盾。它们所属的范畴也不同，前者属于宗教范畴，后者属于政治范畴，但它们之间却存在着密切联系。宗教极端分子不仅利用非法宗教活动，而且参与制造或操纵非法宗教活动；非法宗教活动不仅掩护宗教极端分子，而且为宗教极端思想提供滋生的土壤和温床。

因此，必须要坚持保护合法、制止非法、遏制极端、抵御渗透、打击犯罪的基本原则，依法制止非法宗教活动，严厉打击宗教极端活动，从根本上保护信教群众的合法利益。

四、大力推进去极端化

第一次中央新疆工作座谈会以来，自治区党委坚决贯彻新时代党的治疆方略，高度重视和深刻认识宗教极端思想在引发暴力恐怖活动中的严重危害作用，开始探索去极端化的举措。2014年，习近平总书记在第二次中央新疆工作座谈会上明确提出："要深入实施'去极端化'工程。"至此，去极端化作为自治区党委的一项重大战略部署在全区全面深入推进落实。

去极端化，言而简之，就是要摒弃宗教极端思想主张和歪曲谬论，消除宗教极端思想的危害与影响。宗教极端思想不是宗教，它与宗教是利用与被利用的关系。宗教极端思想的反动本质决定了必须要去极端化。宗教极端分子打着宗教旗号，以推翻中国共产党的领导、建立神权统治为目的。为达到这一险恶的政治目的，他们对宗教教义进行任意歪曲篡改，煽动宗教狂热，煽动教派之间、不同信仰之间、不同民族之间的仇恨，制造暴力恐怖活动。从一段时间新疆以及北京、云南等地发生的一系列暴力恐怖案（事）件来看，宗教极端思想的极端性、欺骗性、政治性和暴力性等特点暴露无遗，也充分表明宗教极端思想的本质是反社会、反人类、反文明的。这就警示我们，要实现新疆社会稳定，就必须打击暴力恐怖活动；要从根本上实现新疆长治久安，就必须铲除暴力恐怖活动的思想基础，打击宗教极端主义。

开展去极端化是维护国家和人民根本利益的正义之举，也是国际社会应对宗教极端主义的重要举措。去极端化作为一项重大战略部署提出和实施以来，在新疆取得了显著成效，有效遏制了宗教极端思想蔓延扩散、暴力恐怖活动频发多发的势头，维护了社会稳定，弘扬了法治精神，促进了文明进步，满足了人民对安全稳定生产生活环境的殷切期盼，最大限度保障了各族群众的基本权利。但是，我们也要清醒地看到，新疆面临的反分裂形势依然严峻，境外反动势力利用宗教煽动、渗透的势头依然没有变，新疆去极端化工作仍然任重道远。

新疆要坚定不移地深入开展去极端化工作。必须坚决把宗教极端思想从宗教问题上剥离出来，任何人都不能把宗教

极端思想同宗教问题扯在一起，都不能用宗教问题来替宗教
极端思想作说辞，都不能借口涉及宗教问题而推脱清除宗教
极端思想的责任。必须划清一条红线，就是宗教不得干预政
治、干预政府事务，不得利用宗教妨碍正常社会秩序、工作
秩序、生活秩序，不得利用宗教反对中国共产党领导和社会
主义制度、破坏民族团结和国家统一。必须依法严厉打击宗
教极端势力，决不能让其坐大成势、残害生命、破坏社会
稳定。

第五章

新疆宗教必须坚持中国化方向

党的十九大报告指出："全面贯彻党的宗教工作基本方针，坚持我国宗教的中国化方向，积极引导宗教与社会主义社会相适应。"坚持我国宗教中国化方向是中国共产党在宗教工作的实践中总结出来的成功经验，是马克思主义宗教观中国化的最新成果，是习近平新时代中国特色社会主义思想的重要组成部分。新疆作为多种宗教并存的地区，必须始终坚持宗教中国化方向，这是积极引导宗教与社会主义社会相适应的必然要求，也是新疆各宗教健康发展的必由之路。

一、坚持中国化方向是积极引导宗教 与社会主义社会相适应的必然要求

（一）坚持中国化方向是我国宗教发展的客观规律

宗教同所在社会相适应，是宗教生存发展的趋势和规律。我国历史上，无论本土宗教还是外来宗教，只有不断适应我国社会发展，才能够得以生存和发展。例如，佛教产生于古代印度，大约公元前1世纪传入中国后，经过长期演化，佛教同中国儒家文化和道家文化融合发展，最终形成了具有中国特色的佛教文化，对中国人的宗教信仰、哲学观念、文学艺术、礼仪习俗等产生深刻影响；伊斯兰教产生于阿拉伯半岛，传入中国后，不断吸收中国传统文化，用儒释道的概念来诠释伊斯兰教教义，使伊斯兰教具有了中国特色。在新疆地区，各宗教传入后也是沿着中国化方向发展。

如伊斯兰教，经过长期与新疆各民族传统信仰和文化融合，逐渐成为中华文化的一部分，并表现出鲜明的地域特征和民族特色。伊斯兰教原本反对崇拜安拉之外的任何人或物，但新疆的信教群众却一直存在麻扎朝拜活动，这是伊斯兰教中国化、本土化最典型的表现。始建于清乾隆年间的伊宁拜图拉清真寺、乌鲁木齐陕西大寺等，在修建时就采用了宫殿式建筑结构，具有鲜明的中原古代传统建筑风格。相反，那些不适应社会和时代发展的宗教，都渐渐衰落甚至消亡了。比如袄教、摩尼教等外来古代宗教，曾经在民间有着较广泛的影响，但最终都淹没在了历史长河中。究其原因，是这些宗教在教义教规上较少做适应性的改变，无法融入中国传统文化，从而被淘汰。

当前，中国特色社会主义进入新时代，只有实现了中国化的宗教，才能更好地与我国社会主义社会相适应。

（二）坚持中国化方向是积极引导宗教与社会主义社会相适应的重要任务

积极引导宗教与社会主义社会相适应，是宗教工作的根本方向。同样，走与社会主义社会相适应的道路，是我国宗教的根本出路。习近平总书记在全国宗教工作会议上指出：

"积极引导宗教与社会主义社会相适应，一个重要的任务就是支持我国宗教坚持中国化方向。"这就是说，坚持中国化方向，是引导宗教与社会主义社会相适应的重要途径和重要任务。

那么，宗教坚持中国化方向的内涵是什么呢？综合来讲，就是政治认同、社会适应和文化融合。

政治认同，就是热爱祖国，拥护社会主义制度，拥护中国共产党的领导，遵守国家的法律、法规和方针、政策；就是从事宗教活动要服从服务于国家的最高利益和中华民族的整体利益；就是用社会主义核心价值观引领宗教，用中华优秀传统文化浸润宗教，对宗教教义作出符合社会进步要求的阐释。

社会适应，就是宗教与社会同心同行，共建和谐。正如马克思在《政治经济学批判》序言中所说："这个意识必须从物质生活的矛盾中，从社会生产力和生产关系之间的现存冲突中去解释。"作为社会现象、社会实体的宗教，只有同社会相适应，主动承担起相应的社会责任，才能有未来。宗教适应社会，就是以开放包容的心态和与时俱进的精神，与我国实际相结合，在宗教观念、制度、组织、教义等方面进行调整，从现实社会中吸收新鲜养分，与时代同呼吸、共命运，为促进社会和谐、推动社会进步传递更多的正能量。

文化融合，就是将外来宗教与中华民族的传统文化相融合，嵌入民族文化的基因。外来宗教只有与中国传统文化相融合，与当地传统的风俗习惯相适应，才能在中国生根发芽、开花结果。如果不相适应，就无法被认同，就会与社会环境格格不入，就会发生冲突，影响社会和谐稳定，影响自身的发展和完善。文化融合，就是要支持宗教界对宗教思想、教规教义结合社会主义先进文化进行创新发展，让各种宗教在思想文化上跟上时代，体现新时代中国的文化。

（三）坚持中国化方向是解决宗教领域突出问题的战略举措

中华人民共和国成立初期，通过开展反帝爱国运动和宗教制度民主改革，我国宗教摆脱了外国势力的控制，割断了同旧势力的联系，搭上了新中国前行的列车，迈出了与社会主义社会相适应的第一步。改革开放以来，在党的宗教工作基本方针指引下，我国宗教的面貌进一步发生积极变化，在与社会主义社会相适应的进程中取得重要进展。但同时应当看到，随着国内国际形势发生深刻变化，宗教领域也出现了许多新问题。比如，有的宗教存在商业化倾向，借教敛财现象屡禁不止；有的宗教出现"去中国化"苗头，向国外宗教看齐；有的地方非法宗教活动问题突出；境外利用宗教进行渗透活动加剧，宗教极端思想在一些地方蔓延，甚至引发暴力恐怖案（事）件。这些问题不解决，不仅会严重阻碍我国宗教的健康发展，还会给我国经济社会带来不良影响。提出支持各宗教坚持中国化方向，是解决这些突出问题的战略举措和治本之策，尤其对抵御渗透、遏制宗教极端思想蔓延等，具有很强的针对性。

（四）坚持中国化方向是充分发挥宗教积极作用的关键

马克思主义宗教观认为，宗教具有积极作用和消极作用两重性。引导宗教与社会主义社会相适应，就是通过保护、管理、引导、服务等方式，因势利导，趋利避害，最大限度发挥宗教的积极作用。坚持我国宗教中国化方向，就能为宗教发挥积极作用创造有利的条件，提供更多的可能。搞"去中国化""逆中国化"，必然会产生摩擦和矛盾，甚至发生冲突。因此，只有坚持中国化方向的宗教，只有实现了中国化的宗教，才能更好地与我国社会主义社会相适应，在我国社会发展进步中发挥积极作用。

二、积极引导新疆伊斯兰教
坚持中国化方向

（一）新疆伊斯兰教必须坚持中国化方向

中国化程度决定着新疆伊斯兰教的发展趋势和未来面貌。历史上，伊斯兰教传入新疆地区以后就沿着中国化方向发展，经过长期与新疆各民族传统信仰和文化融合，逐步成为中华文化的一部分，并表现出地域特征和民族特色。中华人民共和国成立后，为与新生的社会主义制度相适应，新疆伊斯兰教实行了一系列重要变革，如废除了伊斯兰教中的封建特权和压迫剥削制度，取消了天课，革除了一些不适应社会发展的陋习；实现了政教分离，宗教不能再干涉国家行政、司法、教育、婚姻等，群众真正拥有了信仰其他宗教或不信仰宗教的自由；出现了一批与时代同步、拥护中国共产党领导、拥

护社会主义制度的教职人员。改革开放以来，新疆全面贯彻
落实党的宗教政策，依法管理宗教事务，抵御境外势力利用
宗教进行渗透，通过规范讲经解经、去极端化等，从更深更
广层面深化了宗教与社会主义社会相适应的内涵。历史与现
实证明，不与社会相适应的宗教是难以健康发展的。坚持中
国化方向，既是我国社会发展对伊斯兰教的客观要求，也是
伊斯兰教自身生存发展的内在要求。

（二）宗教极端思想是新疆伊斯兰教中国化的最大阻碍

宗教极端思想本质上是反动政治主张而不是宗教，但为
了蒙蔽和蛊惑群众，宗教极端分子从宗教经典中择取只言片
语，进行歪曲的、直接服务于政治目的的解释，甚至编造谎
言，炮制"圣战殉教进天堂"等弥天大谎，企图制造信教与
不信教群众的对立和仇视，煽动信教群众反对中国共产党的
领导和社会主义制度，排斥社会主义核心价值观。受宗教极
端思想影响，新疆伊斯兰教在一定程度上出现了"去中国化"
"逆本土化"现象。如部分信教群众在宗教礼仪和衣着服饰
上、宗教教职人员在经学阐释上、部分清真寺在建筑风格上
向阿拉伯国家靠近等。所谓"去中国化""逆本土化"，实质

上就是排斥中华文化的主导地位，而奉阿拉伯文化为圭臬。文化认同是中华民族安身立命之本，也是实现中华民族伟大复兴的文化心理基础。"去中国化""逆本土化"首先削弱了信教群众对中华文化的认同，进而削弱了对伟大祖国、中华民族、中国共产党、中国特色社会主义道路的认同。说到底，这就是对我国意识形态领域的分裂、渗透活动。因此，宗教极端思想的渗透蔓延，不仅是新疆伊斯兰教中国化的最大阻碍，也是新疆伊斯兰教健康发展的最大危害，更是造成"去中国化""逆本土化"倾向的思想根源。坚持新疆伊斯兰教中国化方向是新形势下解决新疆宗教问题的根本之举，也是夯实新疆社会稳定和长治久安社会基础的必然要求。

（三）积极引导新疆伊斯兰教坚持中国化方向的总体要求

我国宗教的中国化，要放到中华文化大怀抱中来化，用社会主义核心价值观引领，用中华文化浸润。这是我国宗教坚持中国化方向的总体要求，新疆伊斯兰教的中国化，也必须遵循这个总体要求。

新疆伊斯兰教坚持中国化方向，一是要弘扬伊斯兰教中国化的历史传统，坚持用社会主义核心价值观引领，努力把宗教教义同中华文化相融合，支持宗教界深入挖掘教义教规中有利于社会和谐、时代发展、健康文明的内容，对教义教规作出符合中国发展进步要求的阐释；二是要坚持独立自主自办原则，抵御渗透，抵制境外各种宗教思潮特别是极端思想的影响，防止各种"去中国化"倾向；三是教育宗教界人士和信教群众，弘扬中华民族优良传统，引导人们向善向好，提倡世俗化、现代化生活方式；四是引导宗教努力为促进经济发展、社会和谐、文化繁荣、民族团结、祖国统一服务；五是宗教团体和宗教人士要发扬爱国爱教的优良传统，做好讲经解经工作，团结广大信教群众积极确立正信、抵制极端。

三、发挥宗教界人士的积极作用

宗教界人士是党领导的统一战线的重要组成部分。中国共产党历来重视发挥宗教界人士作用，先后提出"充分发挥宗教在促进社会和谐方面的积极作用""发挥宗教界人士和信教群众在促进经济社会发展中的积极作用""发挥宗教界人士和信教群众在促进文化繁荣发展中的积极作用"等一系列论断。重视发挥宗教界人士作用，是巩固和发展党同宗教界统一战线的必然要求，是积极引导宗教与社会主义社会相适应的重要举措，是坚持我国宗教中国化方向的必要途径。

新中国成立以来，党和政府把广大宗教界人士作为社会主义建设的积极力量，鼓励他们发扬爱国爱教、团结进步等优良传统，在服务社会、利益人群等方面进行了有益尝试和探索，为发挥宗教界的积极作用积累了重要经验。改革开放以来，宗教信仰自由政策的全面贯彻落实，极大激发了宗教界人士积极投身经济社会建设的热情。近年来，新疆宗教界人士也在维护新疆社会稳定和长治久安、促进经济社会全面发展中发挥了积极作用。例如，新疆宗教界人士不断增强法治观念，遵守国家法律、法规，带头做维护民族团结的表率，带头制止影响民族团结的言行，带头宣传身边民族团结的典型，争做民族团结的模范；传承和弘扬爱国、和平、团结、中道、宽容、善行的优良传统；在宗教极端势力宣扬歪理邪说时，用正信戳穿其谎言；在发生暴力恐怖案（事）件时，主动发声，亮明观点，揭露真相；在宗教极端势力利用宗教干预群众生活时，依据教义进行批驳，积极引导信教群众坚持正信正行；发扬博施众利、利益众生等优良传统，引导信教群众掌握先进技术，积极投身经济建设，改善生活；积极开展公益慈善活动，在公益捐赠、安老助学、扶贫济困、环境保护、公共设施建设等方面发挥了积极作用。事实充分证明，宗教界人士是建设中国特色社会主义事业的积极力量，是可以信赖的依靠力量。宗教界人士积累的这些重要经验，为宗教坚持中国化方向奠定了基础。

积极引导宗教与社会主义社会相适应，坚持宗教中国化方向，是一项长期性、战略性的任务，既需要党和政府发挥主导作用，也需要宗教界人士充分发挥积极作用。那么，宗教界人士如何才能发挥好作用呢?

第一,宗教界人士要始终坚持正确的政治方向,热爱祖国,热爱社会主义,热爱中国共产党,坚决不做有损国家利益、民族利益的事,在大是大非问题上头脑清醒,在重大原则问题上立场坚定。

第二,要用社会主义核心价值观引领宗教,用中华文化浸润宗教,深入挖掘宗教教义、教规中有利于社会和谐、时代进步、健康文明的内容,将其中所蕴含的宗教价值观念作出符合时代要求的阐释,以宗教自我革新的思想自觉弘扬中国宗教正能量,积极践行社会主义核心价值观。

第三,爱国宗教团体要加强自身建设,充分发挥联系、团结、教育宗教界人士和信教群众的桥梁和纽带作用,增强宗教团体凝聚力和影响力,当宗教与社会主义社会相适应的推动者。

第四,始终坚持独立自主自办原则,坚决防范西方意识形态渗透,自觉抵御宗教极端思想影响,反对"泛清真化"和各种"去中国化"倾向,对于那些打着宗教幌子的违法犯罪行为和暴力恐怖活动,要敢于发声,敢于声讨批驳,并协助政府对其依法严厉打击。

第五,要正确认识和处理国法与教规的关系,自觉在法律、法规、政策的范围内开展活动,维护社会和谐稳定,积极适应社会，努力培养造就一支政治上靠得住、宗教上有造诣、品德上能服众、关键时起作用的宗教教职人员队伍，为坚持宗教中国化方向提供人才保障。

第六，依法坚定推广使用国家通用语言文字。语言是文化的载体和沟通工具，使用国家通用语言文字，是融入中华文化大怀抱的前提，更是增进文化认同的重要基础。宗教界人士应该积极学习使用国家通用语言文字，推动伊斯兰教实现更高程度的中国化。

四、加强党对宗教工作的领导

　　党的领导是做好党和国家各项工作的根本保证，是我国政治稳定、经济发展、民族团结、社会稳定的根本点，绝对不能有丝毫动摇。中国特色社会主义最本质的特征是中国共产党领导，中国特色社会主义制度的最大优势是中国共产党领导，党是最高政治领导力量。宗教工作是党和国家工作中的重要组成部分，在党和国家事业发展的大局中有着重要地位。宗教工作关系到党和国家工作的全局，关系到社会和谐稳定，关系到全面建成小康社会进程，关系到新时代中国特色社会主义事业发展。全面贯彻党的宗教工作基本方针，坚持我国宗教的中国化方向，重在坚持党的领导。只有牢牢把握党的领导这个根本前提，才能确保我国宗教的中国化方向。

　　第一，坚持以马克思主义宗教观为指导，正确认识和对待宗教，辩证看待宗教的社会作用，主动顺应把握宗教规律，始终做到"导"之有方、"导"之有力、"导"之有效，牢牢掌握宗教工作主动权。

第二，高度重视和精心做好宗教工作。各级党委和政府要从战略和全局的高度认识宗教工作的重要性，进一步加强宗教工作，为实现新疆社会稳定和长治久安总目标服务。衡量宗教工作的标准，主要是看党的宗教政策是否得到全面落实，宗教事务管理是否走上法治化轨道，与民族、宗教问题相关的矛盾纠纷是否有效预防和妥善处理，信教群众与不信教群众是否团结一致，共同致力于社会主义现代化建设。

第三，不断提高宗教工作法治化水平。依法管理宗教事务是全面依法治国的具体体现，也是积极引导宗教与社会主义社会相适应的必由之路。要坚持用法律、法规规范政府管理宗教事务的行为，用法律调节涉及宗教的各种社会关系。2017年国务院修订公布的《宗教事务条例》充分体现了用"导"的态度对待宗教的要求，充分体现了"保护合法、制止非法、遏制极端、抵御渗透、打击犯罪"这一宗教事务管理基本原则。要宣传好、贯彻好《宗教事务条例》，要保护广大信教群众合法权益，深入开展法治宣传教育，教育引导广大信教群众正确认识和处理国法和教规的关系，增强法治观念，提高依法依规开展宗教活动的自觉性和主动性。

第四，加强宗教工作干部队伍的培养。中国特色社会主义进入新时代，我国社会主要矛盾发生了新变化，与此相应的，宗教领域也出现了许多新情况、新问题。面对新时代、新形势、新要求、新挑战，各级党委和政府要高度重视宗教工作干部队伍的培养，努力培养一支适应新形势下宗教工作要求、政治坚定、业务过硬、作风务实的宗教工作干部队伍，做好保护、管理、引导、服务工作。

第五，做好团结广大信教群众工作。党的十九大报告强调："坚持以人民为中心"，"把党的群众路线贯彻到治国理政全部活动之中"。宗教工作的本质是群众工作。广大信教群众是中国共产党执政的重要基础，也是建设中国特色社会主义的积极力量。要加强对信教群众的工作，把他们团结在党和政府周围，教育引导他们热爱祖国、拥护中国共产党的领导、拥护社会主义制度、坚定走社会主义道路。

第六，构建积极健康的宗教关系。宗教关系包括党和政府与宗教、社会与宗教、国内不同宗教、我国宗教与外国宗教、信教群众与不信教群众的关系。处理我国宗教关系，必须牢牢把握坚持党的领导、巩固党的执政地位、强化党的执政基础这个根本，必须坚持政教分离，坚持宗教不得干预行政、司法、教育等国家职能的实施，坚持政府依法对涉及国家利益和社会公共利益的宗教事务进行管理。

参考文献

［1］ 新疆社会科学院宗教研究所.新疆宗教［M］.乌鲁木齐：新疆人民出版社，1989.

［2］ 王怀德，郭宝华.伊斯兰教史［M］.银川：宁夏人民出版社，1992.

［3］ 中共新疆维吾尔自治区委员会宣传部.马克思主义宗教观简明读本［M］.乌鲁木齐：新疆人民出版社，1994.

［4］ 赵振明，房文杰，刘仲康.新时期新疆民族与宗教问题研究［M］.乌鲁木齐：新疆人民出版社，1997.

［5］ 中央党校民族宗教理论室.新时期民族宗教工作宣传手册［M］.北京：宗教文化出版社，1998.

［6］ 陈嘉厚.现代伊斯兰主义［M］.北京：经济日报出版社，1998.

[7] 国家宗教事务局宗教干部培训中心.马克思恩格斯列宁宗教问题著作选编及讲解［M］.北京：宗教文化出版社，1999.

[8] 张铭.现代化视野中的伊斯兰复兴运动［M］.北京：中国社会科学出版社，1999.

[9] 新疆维吾尔自治区民族宗教事务委员会.宗教问题理论与政策通俗读本［M］.乌鲁木齐：新疆人民出版社，1999.

[10] 中国新疆地区伊斯兰教史编写组.中国新疆地区伊斯兰教史［M］.乌鲁木齐：新疆人民出版社，2000.

[11] 金宜久，吴云贵.伊斯兰与国际热点［M］.北京：东方出版社，2001.

[12] 李建生.引导宗教与社会主义社会相适应的理论与实践［M］.乌鲁木齐：新疆人民出版社，2001.

[13] 吕大吉.宗教学通论新编［M］.北京：中国社会科学出版社，2002.

[14] 王作安.中国的宗教问题和宗教政策［M］.北京：宗教文化出版社，2002.

[15] 中共新疆维吾尔自治区委员会宣传部.新疆民族与宗教知识百题［M］.乌鲁木齐：新疆大学出版社，2002.

[16] 李进新.新疆宗教演变史［M］.乌鲁木齐：新疆人民出

版社，2003.

[17] 何虎生.中国共产党的宗教政策研究［M］.北京：宗教
文化出版社，2004.

[18] 金宜久.伊斯兰教史［M］.南京：江苏人民出版社，
2006.

[19] 马福德.近代伊斯兰复兴运动的先驱——瓦哈卜及其思
想研究［M］.北京：中国社会科学出版社，2006.

[20] 任杰.中国共产党的宗教政策［M］.北京：人民出版
社，2007.

[21] 龚学增.宗教问题概论［M］.成都：四川人民出版社，
2007.

[22] 李群英.全球化背景下的伊斯兰极端主义［M］.北京：
中国政法大学出版社，2007.

[23] 吕大吉，龚学增.马克思主义宗教观与当代中国：宗教
卷［M］.北京：民族出版社，2008.

[24] 卓新平."全球化"的宗教与当代中国［M］.北京：社
会科学文献出版社，2008.

[25] 金宜久.当代伊斯兰问题［M］.北京：民族出版社，
2008.

[26] 金宜久.当代宗教与极端主义［M］.北京：中国社会科
学出版社，2008.

［27］陈荣富.马克思主义宗教观研究［M］.成都：四川人民
出版社，2008.

［28］李爱华.马克思主义经典著作导读［M］.北京：北京师
范大学出版社，2008.

［29］卓新平.论马克思主义宗教观［M］.北京：社会科学文
献出版社，2009.

［30］厉声.中国新疆新中国时期分裂与反分裂斗争［M］.乌
鲁木齐：新疆人民出版社，2009.

［31］曾传辉.马克思主义宗教观研究［M］.北京：社会科学
文献出版社，2011.

［32］许尔才.马克思主义中国化经典研究［M］.乌鲁木齐：
新疆大学出版社，2011.

［33］中共中央马克思恩格斯列宁斯大林著作编译局.马克思
恩格斯选集：1—4卷［M］.北京：人民出版社，
2012.

［34］龚学增.马克思主义宗教观中国化研究［M］.成都：四
川人民出版社，2012.

［35］国家宗教事务局党组理论学习中心组.中国特色社会主
义宗教理论学习读本［M］.北京：宗教文化出版社，
2014.

［36］中共中央宣传部.习近平总书记系列重要讲话读本

［M］.北京：学习出版社，人民出版社，2016.

［37］王来法.马克思主义宗教观概论［M］.杭州：浙江大学出版社，2016.

［38］中华人民共和国国务院新闻办公室.新疆的宗教信仰自由状况（白皮书）［R/OL］.2016.

［39］中华人民共和国国务院新闻办公室.新疆的反恐、去极端化斗争与人权保障（白皮书）［R/OL］.2019.

［40］中华人民共和国国务院新闻办公室.新疆的职业技能教育培训工作（白皮书）［R/OL］.2019.

［41］中华人民共和国国务院新闻办公室.新疆的若干历史问题（白皮书）［R/OL］.2019.

［42］简明新疆地方史编写组.简明新疆地方史［M］.乌鲁木齐：新疆人民出版社，2020.

［43］金宜久.重视对宗教极端主义问题的研究［J］.世界宗教研究，2014（06）.

［44］卓新平.关于伊斯兰教中国化的思考［J］.回族研究，2016（06）.

［45］吴云贵.当代宗教极端主义简论［J］.世界宗教研究，2017（02）.

［46］金泽.论宗教与政治［J］.宗教学研究，2017（03）.

［47］吴云贵.解析伊斯兰极端主义思想的三种形态［J］.世

界宗教文化，2018（02）．

[48] 顾华祥．论去极端化的法治措施——兼解读《新疆维吾尔自治区去极端化条例》[J]．科学与无神论，2018（06）．

[49] 新华社评论员．新疆反恐和去极端化措施是正义之举[J]．中国宗教，2019（12）．

[50] 张春霞，王文煊．新疆反恐去极端化的中国优势与经验[J]．科学与无神论，2020（2）．

[51] 范娟荣，李伟．反恐背景下的去极端化研究与思考[J]．新疆师范大学学报（哲学社会科学版），2020（4）．

[52] 马大正．新疆"去极端化"斗争探索[J]．新疆师范大学学报（哲学社会科学版），2016（05）．

后 记

在第三次中央新疆工作座谈会上，习近平总书记强调指出，要教育引导各族干部群众树立正确的国家观、历史观、民族观、文化观、宗教观，让中华民族共同体意识植根心灵深处。所以，我们组织编写《马克思主义宗教观教育读本》的主要目的，就是要深入贯彻习近平总书记重要讲话精神，立足于对各族干部群众进行马克思主义宗教观的正面教育引导，切实全面理解贯彻党的宗教理论和宗教政策，普及新疆宗教基本知识，科学回答干部群众关心和感到困惑的新疆宗教有关问题，提高各族干部群众的宗教理论、政策和基本知识修养，从而增强各族干部群众自觉贯彻党的宗教政策的能力和水平，努力推进新疆伊斯兰教中国化，实现宗教健康发展，不断开创新疆宗教工作新局面。

本书编写工作得到了中共新疆维吾尔自治区委员会宣传部、新疆人民出版总社、新疆维吾尔自治区社会科学院等单位的大力支持。一批从事新疆宗教问题研究的资深专家，特别是马品彦、刘仲康、李进新等同志，他们虽然已经退休多年，依然对本书的编写给予了全程指导，提出了许多宝贵意见。新疆维吾尔自治区社会科学院宗教研究院院长于尚平和科研外事处副处长刘艳等同志为本书的出版做了大量工作。在此一并表示感谢。

本书编写过程中吸收借鉴了国内外学者的相关著作、论文和科研成果。由于编者水平有限，本书难免有不足之处，恳望读者指正。

编　者
2021 年 4 月